マーケティングの仕事と年収のリアル

インサイトフォース 代表取締役 山口義宏

ダイヤモンド社

はじめに　マーケティングで食べていく人のキャリア戦略

「マーケティングは華やかな仕事」というイメージの功罪

マーケティングといえば、華やかな仕事というイメージをもつ人が多いのではないでしょうか？　たしかに、一部では30歳程度で年収1000万円を超えるなど、報酬に恵まれ華々しく働く組織や個人が存在します。

しかし、ひとくちに**マーケティング職といっても専門領域は細分化**され、目につく仕事から地道な業務までさまざまあります。国内で年間約6兆円規模と推定される巨大な広告業界に始まり、調査、ＰＲ、商品企画、デザイン……さらにデジタルという切り口も加わって、その領域は複雑化しながら広がっています。

職種も大きく括《くく》ればすべて「マーケター」ですが、専門性によって細かく分類できます。プランナー、コンサルタント、クリエイター、リサーチャーなどのほか、データサイエンティストといった比較的最近できた職種もあります。また、デザイナーのように職種名こそマーケティングと距離がありそうでも、マーケティング視点を強くもって、価値を発揮している人は沢山います。

マーケティング業界が**華やかなイメージで捉えられる理由は、電通や博報堂といった大手広告代理店の印象にある**のではないでしょうか。私が知る範囲でも、魅力的で優秀な人が多く、年収の高さもあって、イメージ通りの華やかなライフスタイルを送っている人はいます。

また、そうした「稼げそうで華やかなイメージ」があるからこそ、業界全体の給与水準は決して高くないにもかかわらず、優秀な人の応募が多いのも特徴です。そして、**経済的な処遇が期待に及ばないという〝現実の壁〟にぶち当たる人も多い**のです。

実際のマーケティング業界は、大手広告代理店だけで構成されているわけではありません。メーカーや小売業といった「事業会社」で、マーケティング業務に従事している人も沢山います。それらの企業の平均的な給与水準は、一般的に大手広告代理店ほど高くありません。また、広告代理店やPR会社など、外部からマーケティングを支援する企業も、ごく一部の大手を除けば平均的な年収は下がる傾向にあります。さらにいえば、大手広告代理店の系列であっても、親会社本体とグループ子会社との間で、処遇に格差があるのが一般的です。

つまり、イメージ通りに**高い稼ぎを得られるのは、マーケティング業界で働く人のうちごく少数**というのが現実です。

マーケティング職の人に
マーケティング戦略不在という悲劇

そして、業界の中堅どころといえる私の立場にあっても、次のような相談を頻繁に受けるのです。

「次は、どんな知識を身につければ、マーケティング専門職として人材価値が上がるでしょうか？」

「スキルも上がり、顧客もついているのに、そこまで給料が上がらないのは、なぜでしょうか？」

とりわけ多いのが、**20代後半～30代半ばのアラサー世代**です。ちょうど結婚などライフステージの変化によって、年収に目が向き始める頃です。自身が成長したという実感に比べて、給与が増えなくなったと感じ始める人が多いタイミングのようです。

多くの相談を受けるうちに、マーケティング業界で少なくない数の人が「マーケティング職としての成長の見通しや年収を高める道筋が見えず、閉塞感を感じている」

ことに気づかされました。紺屋の白袴ではないですが、マーケティング業界で働いていても、**労働市場における〝自分〟という商品のマーケティング戦略がおろそかになっている人は意外と多い**のです。

もちろん、単なる怠惰ゆえではなく、自分を客観視する難しさがあるからでしょう。そして、デジタル化によってマーケティング施策の専門分野が細分化された結果、マーケティング全体を俯瞰して見渡しづらくなったことも一因でしょう。

「マーケティングの専門知識や施策を解説する本は沢山あるけれど、**マーケティング職として市場価値を高め、稼げるようになるリアルなキャリアづくりの情報は少ない**のでは？」

これが、本書を書くきっかけとなりました。

キャリア開発パターンと判断の視点を「見える化」

「実力を伸ばせば、年収も自然に高まる」と考え、**キャリアをつくる戦略に無頓着だと、自分の市場価値の見定めや、キャリアをつくるために不可欠な意思決定を忘れ、大きなロスが発生**します。それは「良い商品さえつくれば売れるはず」と過信して成果を出せないような、マーケティングが下手な会社と同じ過ちです。

本書で読者にお伝えしたいことは、大きく次の2点です。

- マーケティングの仕事＝キャリアの成長ステージを遠くまで俯瞰し、成長プランを考える視点
- 自分の特性に合った成長機会と、年収を高めるのに最適な環境を選ぶ判断材料

そのため、次のような構成をとっています。

第1章：マーケティング業界の仕事・組織・処遇のリアルな実態について解説します。

各社で事情が異なり千差万別ですが、大きな構造を知れば応用できます。また、マーケター個人や企業によって、仕事のスタイルがさまざまな流派に分かれていることも解説します。流派を理解すれば、自分に合った職場を選ぶことができて、ミスマッチによるストレスを減らせます。

第2章：マーケティング職における「6つの成長ステージ」について解説します。

ここでいう成長の6段階は、私が考えるおよその区分けと捉えてもらうと

いいでしょう。前半のステージ1～3は「見習い」から「(なんらかの分野の)スペシャリスト」として成長するまで。後半のステージ4～6は、ブランドに関わるすべてのマーケティング施策を束ねる「ブランドマネジャー」から、CMO(チーフ・マーケティング・オフィサー)や経営者といった「マネジメント」まで。それぞれ担う業務と、身につけるべき知識・能力について解説します。マーケティング職の全体像を見渡し、自分の適性を踏まえたうえで、スペシャリストを極めるのか、マネジメントにシフトしていくのか、大局的見地から判断することが、成長と成果につながります。

第3章：成長ステージの前半となる、ステージ1～3のキャリア開発について解説します。このステージで大切なのは、自分のスキルや経験をコモディティ化させないことです。一般的には、働いてから3～5年でやってくる20代半ば～30歳前後の決断がカギになります。所属先が事業会社か、支援会社かでも、判断のポイントは大きく異なるでしょう。それらの構造を詳細に解き明かしています。

第4章：成長ステージの後半となる、ステージ4～6のキャリア開発について解説します。マーケティングのマネジメント業務の内容をつかんでいただきつつ、必要な知識・能力についても解説します。年齢でいえば、30代半ばからマネジメントにシフトし始める人が増えていきます。スペシャリスト志向の人でも、仕事の中身がどう異なるか、自身の現場でも活かせる内容はないか、という視点で読んでいただくと気づきがあると思います。非公開求人が増えていく、アラフォーからのマネジメントとしてのキャリアアップ機会についても解説します。

第5章：マーケティング業界における、キャリア構築の典型的な7パターンを解説します。事業会社と支援会社、それぞれを行き来する人もいれば、同じ業態・会社でキャリアをつくる人もいます。キャリア構築は、個人の特性が影響するほか、さまざまな偶然が重なって決まることも多く、意思決定のポイントを一般化しにくいものです。しかし、基本的なパターンを知ることで、自分の意思決定を相対化して捉え、その意味を理解できるようになります。

「おわりに」では、私の個人的なエピソードも含め、自身のマーケティング業界におけるキャリア形成から得た学びや、これからキャリアをつくっていく方々へのメッセージをまとめています。

本書では、キャリアのステージごとに必要なスキルも数多く紹介しています。ただし、**現実のビジネスで成果を出し、キャリアを形成するうえで、知識やスキルだけでは不十分**です。もちろんプロとして成果を出すには最低限の知識や専門性は必須ですが、ある水準を超えると、知識の量と成果が比例しないことは珍しくありません。

ビジネスは、専門知識やスキルだけでなく、社内外で人を動かしていく対人折衝力、成果に対する執着心、市場環境の良し悪し、そして運の良さ……など、そのすべてを掛け算して成果を出す総合格闘技戦です。本書では、キャリアのステージごとに求められるスキルの解説にページを多く割いてはいますが、知識・スキルの習得に偏重しないよう、ぜひ留意してください。

同じ人でも環境次第で成長と年収は大きく変わる

簡単に自己紹介すると、私はブランド・マーケティング領域専門の戦略コンサルタントとして9年働いて独立し、インサイトフォースというコンサルティング会社を設立してからは経営者として9年、**合計するとこの業界で約18年の経験**をもちます。

本書の構成

キャリアを考える軸として、次の4つが重要です。

◉事業会社か、支援会社か

◉成長ステージ

◉年齢

◉年収

業界の基本

第1章
・マーケティングとは何か
・マーケティングの仕事に携わる業態や部門
（事業会社／支援会社と、それぞれにおける関連部門）
・マーケティング業界で年収1000万円超を得る条件
・業界において、行動／思考様式が異なる8つの「流派」

キャリアステップの全体像と注意点

第2章
・マーケティング職における6つの成長ステージ
①見習い　②ワーカー　③スペシャリスト
④ブランドマネジャー　⑤CMO　⑥経営者

第3章
成長ステージ①〜③の注意点
・自分に事業会社／支援会社のどちらが合うのか判断
・キャリアを高める最初のタイミングはアラサー

第4章
成長ステージ④〜⑥の注意点
・スペシャリストのままいくか、経営層にいくか決断
・アラフォー以降の中途採用ニーズは経営層に移行

キャリア構築の実践例

第5章
キャリアを築く7つのパターン
・事業会社あるいは支援会社を軸としたキャリア構築事例
・独立／起業をめざす場合の注意点

手前味噌ですが、一流といわれる企業をはじめ多くのクライアントに恵まれ、本業以外にもビジネス系メディアへの寄稿や対談の掲載のほか、企業・ビジネススクール・マーケティング研修企業での講演も実施しています。とはいえ業界の大御所というにはほど遠く、ハイキャリアといえる経歴でもありません。あくまでも業界の一部の人が知る、コンサルティング会社の経営者であり、コンサルタントのひとりです。

私自身も、キャリアコンサルタントの専門職ではありません。ですから、面接テクニックのようなハウツーや求人情報について、お伝えできる内容はありません。

ただ、これまで100社以上の企業にコンサルティングで関わり、クライアントである事業会社側のマーケティングの組織・人材・採用ニーズに触れてきました。加えて、累計100名を超えるマーケティング業界関係者のキャリア相談に向き合ってアドバイスし、時には転職先も紹介した経験があります。ですから、採用する企業側と、働く側のキャリア構築における構造的な問題に触れる機会は多く、意思決定の要点は理解しています。何よりも、その**キャリアに関する意思決定により、働いて得られる成長・年収・幸せが大きく変わる**様子を目の当たりにしてきました。

本書は、そうした知見をまとめ、「マーケティング職として成長し、市場価値を高めていくためのリアルな勘所」を学べる内容をめざしました。特にお伝えしたいのは、

高学歴で有名ブランド企業を渡り歩く王道のキャリア構築に終始するものではないということ。**ピカピカのハイキャリアな道筋は、聞いたところで、そのまま自分に適用できない**人が多いのも事実です。高学歴や有名企業の職歴をもたない人々がキャリアアップするには、社会に出てから日々の仕事で実力を証明していくストリートファイトを積み重ねるしかありません。機会をみずから貪欲に引き寄せなければ、良い処遇に手が届きません。

シビアな現実を最初からお伝えすると、本書で読者全員のキャリアを向上できるとは思えません。ただ、**才覚をもち一定の成果を出しながら、キャリアをつくり損ねてしまう人を救える**可能性は大いにあります。また、現在の環境のまま成長や収入を高められる見込みの薄い人が、そのまま時間を浪費せずに済む気づきは提供できるかもしれません。

世の中には、「お金は後からついてくる。お金のことは考えず、成長に専念しろ」とアドバイスする人が沢山います。ただし、それを言う人には2種類います。まず、本当にお金のことは考えなかったけれど、幸運にも待遇が高まった人。ピュアな成功者ゆえで悪気はありません。それ以外は、「給与交渉されると面倒だ」と雇用側の論理で考える、利害関係のある上司や経営層です。私も経営者なので、その気持ちはよく理解できますが、ある種の意図があると思い、半分聞き流す図太さも必要です。

個人的には、**新卒で働き始めてから2～3年程度は「目先のお金のことは考えすぎずに、仕事に専念するスタンス」が重要**と思います（転職をするなという意味ではありません）。一人前に仕事ができないうちに、キャリアやお金のことばかり考える姿は、上滑りで滑稽です。しかし、**20代の半ば～後半になっても、自分のキャリアやお金のことを考えないままでいると、大きな機会ロスをする危険**があり、ギア・チェンジが必要です。

マーケティング職を育てるために企業側も仕組みづくりを

一方で、「マーケティング業界で働く多くの人々が、良いキャリアをつくる」には、個人の努力だけでは業界全体の改善にまでつながりません。人材を採用し、育成し、その力を活かしてビジネスの競争力を高める企業側の取り組みも重要です。本書は、**マーケティング職を採用・育成し、マネジメントする企業経営層にも役立つ内容を裏テーマとして意識**しています。マーケティングはよく「売れる仕組みづくり」と説明されますが、企業の「マーケティング専門職を育てる仕組み」は脆弱なままです。これは、事業会社にもマーケティング支援会社にも当てはまり、**現場では上司任せの徒**

弟制度を脱しきれていないことが多いためです。良い人材づくりには企業側の採用の見極めと育成力向上も重要で、個人のキャリア向上とコインの裏表の関係にあります。

現状では、**雇用する企業側の多くもマーケティング業務に対して理解が浅く、採用のミスマッチや育成できないケースが頻発**しています。これは一企業の問題にとどまらず、日本経済の損失とすら思います。企業が「マーケティング職」の階層とスキルを正しく理解し、個人の成長にコミットして貴重なリソースを投資していくことこそが、ビジネスの成功につながり、個人と企業の双方を幸せにしていく、と私は確信しています。この本が、マーケティング職で働く人々にはキャリアの展望をつかみ、雇用側の企業にはマーケティング職を採用し育てるヒントになれば幸いです。

第1章

めざせ、年収1000万円超え！マーケティングの仕事と業界構造

第2章

マーケティング職には6つの成長ステージがある

第3章

スペシャリストのキャリアをつくるアラサーの決断

第4章

スペシャリストを極めるか、マネジメントに移行するか。それが問題だ

第5章

キャリアを築く具体的な7つのパターン

第1章

めざせ、年収1000万円超え！
マーケティングの仕事と業界構造

年収1000万円を超える人、超えない人の違いとは？

「マーケティング職として、あなたのキャリアのゴールは何ですか？」

何とも答えにくい質問です。働いた経験がある方はお察しの通り、年齢を重ね、スキルや立場が上がって初めて見えてくる景色もあるからです。しかも、環境変化は激しくなるばかり。数十年先のゴールを現時点で決めるのは、そもそも無理があります。

ただし、**誰もが無関心でいられないのが「収入」**ではないでしょうか。

「自分は仕事の面白さを重視しているので、あまりお金に関心がないんです」

これは、若い方と話していると出てくる、定番のリアクションです。

しかし、**ライフステージが上がり生活スタイルが変化するにつれ、「こんなはずで**

はなかった」と後悔する場合が多いものです。結婚する、子供ができる、お金のかかる趣味ができる、年齢を重ねて老後のファイナンスプランを試算してみる――そんなタイミングで急に焦り出す人が沢山います。**評価とお金は「人生の自由度を高める資本」**ですから、あって困るものではありません。

十分な年収のゴールは、個々人の価値観とライフプランによって大きく異なるはずです。ちなみに内閣府が「平成23年度国民生活選好度調査」をもとに作成した統計データによると、**年収と幸福度が比例して上昇するのは世帯年収1000万～1200万円**程度までで、それ以上は年収が増えても幸福度は高まらなくなります。よって、本書では便宜的に「年収1000万円」を最初の目標のメドにして話を進めます。

マーケティング業界における年収1000万円という水準は、ほんのひと握りの会社――たとえば電通や博報堂のような**一部の大手広告代理店や、事業会社でも一部の外資グローバル企業であれば、早ければ30歳前後で到達**します（それらの企業に属する方は、自身の視野を広げるため、または年収をさらに引き上げる道標として読んでください）。

しかし、それ以外の企業では、決して全員がたどり着ける数値ではありません。**稀少なスキルをもつスペシャリストや、事業数値に責任をもつ部長クラス以上でなけれ**

ば到達できない会社が大半です。この点は、ほかの多くの業界と同じでしょう。ベンチャーであれば若手が経営層に抜擢され若くして高年収に到達することもあれば、大手事業会社で長く勤め年功序列の人事評価に即して50歳前後で年収1000万円に到達するというシナリオもあります。

つまり、**「1000万円」は誰もが到達できる年収ではありませんが、優れた才覚がある人が、戦略的に考えてキャリアをつくっていけば実現不可能でもない**――そんな数字です。ちなみに国税庁の平成28年分の「民間給与実態統計調査」の調査結果報告(平成29年9月)によると、全給与所得者のうち個人年収1000万円超は4・2%と、マーケティング業界に限らず、ごく一部の人たちが実現している数字といえます。そこにたどり着くには純粋な能力差だけでなく、一定の運や、時にはリスクテイクも必要なのです。

私がこの本を書き始めた動機のひとつに、**非常に高い才能やまじめに努力する習慣をもちながら、年収が500万~600万円で頭打ちになり悩んでいる人が多い**ことがありました。その年収が高いか低いかはさておき、彼らが比較的若いうちから、**自分のキャリアをどう築くかという視点をもってさえいれば結果は違った**、と思うのです。彼らのうち何割かは、ほかの業界や会社に行けば年収を伸ばせた可能性があります。同時に、マーケティングの仕事が好きで才能がありながらも、収入が伸びないために諦めて他業種に転職する人も沢山います。これは、業界として大いなる損失です。

ですから本書では、**読者のみなさんがマーケティング職としてめざす姿と報酬を早期にイメージできて、キャリア構築に役立ちそうな視点を提示**していきます。ひとくちにマーケティングといっても、どのようなキャリアの選択肢（就職する業態の種類や、それぞれの報酬面を含めた特徴）があり、各成長ステージでどのようなスキルが必要なのか。ステージアップの分岐点はどのようなときに訪れるのか。それらを具体的に解説していきます。

「マーケティング」とは何か？

具体的な業態や収入の話に入る前に、まずマーケティングとはいったい何を指すのか、簡単に整理しておきます。

世間では、マーケティングの定義として「売れる仕組みづくり」「会社全体で取り組む価値づくり」などといわれます。どちらも、その通りですが、抽象的でよくわからないという人も多いでしょう。ここでは、具体的な施策の視点からマーケティングの仕事をかみ砕いて解説していきます。

マーケティングの施策を分解した一般的な概念は、「4P」と呼ばれるものです（図表1－1）。4Pは、学者である故エドモンド・ジェローム・マッカーシーが1960年に著書『ベーシック・マーケティング』（邦訳1978年、東京数学社）で提唱しました。「Product（製品）」「Promotion（購買喚起）」「Place（販売チャネル）」「Price（価格）」の4つの頭文字のPを意味し、顧客が最終的に触れるマーケティングの施策を分解して示しています（製品にはサービスの意味も含んで使う場合が多く、有形のプロダクトをもつメーカーに限って適用される概念ではありません）。

事業会社の中でそれぞれのPを担う部門や業務、そして外部からの支援企業は以下のようなイメージです。

Product（製品）：事業部や商品・サービス企画部といった部門が担い、商品企画・開発と呼ばれる業務で、商品・サービスのコンセプト立案から具体的な仕様や規格を

図表1-1　「マーケティングの4P」とは？

定めます。外部から事業会社を支援する商品企画コンサルティング会社、デザイン開発までを包括的に支援するデザインコンサルティング会社、顧客ニーズの把握やコンセプト案の検証を支援する調査会社などが存在します。

Promotion（購買喚起）：広告宣伝部、販売促進部、広報部といった部門が担います。テレビ・雑誌・新聞・インターネットなどの媒体での広告宣伝の企画〜実行と、メディアで報道されるための仕掛けづくり、そして店頭でのPOPや折り込みチラシなど売り場に近い接点での販促施策を展開します。商品・サービスを買ってもらうことを目的に、そのウリとなる訴求ポイントを見定め、顧客接点ごとに有効な見せ方と訴求メディア・ツールでコミュニケーション施策を展開します。外部からの支援会社としては、広告代理店、ＰＲ会社、販促支援会社、訴求コンセプトの検証や施策効果検証を支援する調査会社などが存在します。

Place（販売チャネル）：メーカーでは営業部、小売業では販売部や店舗統括部といった名称の部門が担い、店頭やＥＣ（電子商取引）などの販路接点で売るための施策を展開します。メーカーの営業部であれば小売店のバイヤーに営業をかけ、販売促進チームと連携して、売り場での訴求力を高めるＰＯＰ（購買時点広告）なども準備します。小売業の販売部や店舗統括部門であれば、販売スタッフの育成、棚づくり、季節ごとの売り場の展示のビジュアル、新規出店時は店舗のデザインや設計などを実施します。外部からの支援会社としては、小売業への営業受託会社、販売スタッフの派遣や研修支援の会社、店頭ディスプレイの企画デザイン会社、店舗の企画設計・デザイン会社などがあります。

Price（価格）：メーカー・小売業を問わず、価格設定だけに特化した部門は多くありません。しかし、近年では原料費の高騰、為替変動をはじめ、小売業では販売スタッフの人件費高騰などにより、〝適切な値付け〟の重要性は高まっています。大手企業では社内にデータ分析専門の人材・チームを抱え、価格設定の仮説検証を統計的に行い、経営に提言する動きも目立ちます。外部からの支援会社としても、データに基づく予測分析・検証とコンサルティングを組み合わせたソリューションを提供するコンサルティング会社などがあります。

マーケティングの仕事は幅広い組織・部門にまたがる

マーケティングの4P施策は、事業会社の中で多様な部門と業務が連携して成り立っています（図表1－2）。大きな会社であれば商品企画を立てる手前に、顧客ニーズを理解するための調査部門、技術シーズを開発するための研究開発部門、社外から優れた素材や部品をコストパフォーマンスよく手に入れるための調達購買部門がありま す。また、世の中に商品・サービスを展開したあとは、顧客のアフターサービス対応として、コールセンターや修理対応の部門もあります。それぞれの業務に対して、外部から支援する専門企業が存在し、**マーケティング業界の仕事は施策種別に、事業会社として中から関わるか、支援会社として外から関わるか**に分解されます。

図表1-2　マーケティングの業務プロセスと、実行する部門や支援会社

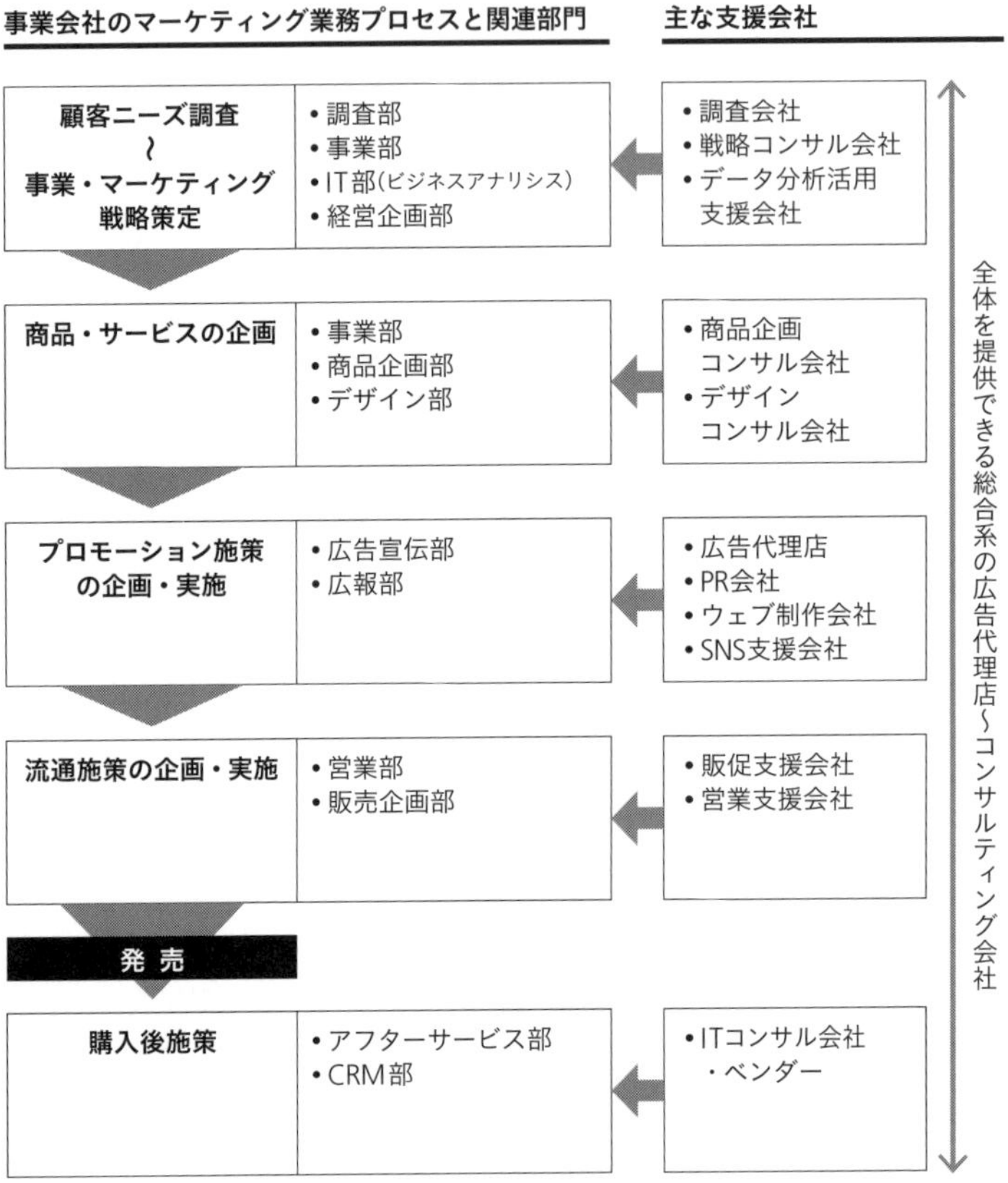

＊個々の会社によってプロセス、関連部門、部門名称は異なり、あくまでも代表的な例

どの部門の業務までがマーケティングの範疇か、業務におけるマーケティング意識の高低は、会社によって千差万別です。

たとえば、メーカーにおける営業部門や、営業機能をもつ子会社は、販売チャネルに対して、より良い取引条件とともに、売り場での棚の面積確保の交渉をするのが一義的な仕事です。しかし、交渉相手のバイヤーを通じ、顧客ニーズや商品への要望を吸い上げ、商品・サービスの企画部門にフィードバックしているのであれば、営業機能のみでなく、マーケティングの一部機能を担っているといえます。

ほかにも予算や売上目標の策定と実績の管理には、経営企画部門が関与してくるかもしれません。また、大手企業であれば、ブランド戦略部門との連携も出てきます。マーケティングでキャリアを築いていきたい人にとっては、特に事業会社における部門配属はコントロールが難しいものです。そのため異動配属先の希望には、その実態把握が欠かせません。異動先の業務におけるマーケティング意識が低ければ、みずからその意識を高める仕掛けを試み、部門の役割を進化させることも成果となります。

ちなみに、近年ではＢ to Ｂ（企業対企業取引）マーケティング分野への注目も高まっています。Ｂ to Ｂ企業では、一般的にはマーケティング部門が見込み顧客を増やす施策（メディアPR、セミナー、有用な自社コンテンツ提供など）を担い、営業部門が見込み顧客に対して営業活動をしかけて契約を獲得していく、というように連携をしています。

しかし、まだマーケティング部門が存在しない会社も多く、そのような会社の営業部門では、顧客ニーズの把握に始まり、商品・サービスの企画、それらを伝えるセミナー企画、プロモーションツールの作成、価格設定までを、ひとつの部内で担っている場合もあります。つまり、部門名にこそ〝営業〟とついても、マーケティングのPDCAサイクルを一気通貫で担っている会社もあります。

BtoB領域は、マーケティング強化は手つかずの会社が多いからこそ、強化したときの伸びしろも大きい傾向があります。BtoC（企業対個人取引）に比べると地味に見えて敬遠されがちですが、昨今では、需要に対してプロフェッショナル人材の供給が足りていない傾向で、実は**BtoBマーケティングはキャリア構築として非常に魅力ある領域**でもあります。

給与水準の高い「ひと握りの企業」と「それ以外」

さて、ここから収入の話に戻します。マーケティング職として働くうえで**給与水準を大きく二分するのが、「ひと握り」といえる大手広告代理店や外資系大手事業会社と、「それ以外」**です。

電通や博報堂といった一部の**大手広告代理店や、外資系大手事業会社では、培ったスキルとその社内評価が年収に直結しやすい**といえます。マーケティングが専門職キャリアとして評価されやすく、30代前半で年収1000万円に達することは珍しくありません。

このような企業に所属している人は、年収1000万円をターゲットに考えるのであれば、乱暴にいえば緻密《ちみつ》にキャリア戦略を考える必要はありません。**社内評価さえ押さえておけば、昇格と連動して年収は1000万円を超えます。**ただ、そこから年収を大きく高めるには、当然ながら成長のためにスキルを開発し、実績を残す分野を戦略的に考える必要があります。

次に、外資系大手事業会社と大手広告代理店で働くメリットとデメリットを示しておきます。まず、外資系大手事業会社についてです。

【外資系大手事業会社で働くメリット】

- マーケティング人材のキャリアパスが明確で、社内での育成の文化や仕組みも整っていることが多い（ブランドマネジャーやCMO［チーフ・マーケティング・オフィサー］といった、マーケティング職における上級職が設置された企業が増えている）
- マーケティングのキャリアで上層部に出世したときの報酬水準が高い（大手グローバルカンパニーであれば、日本支社のCMO執行役員クラスで年俸3000万～5000万円クラスの会社もある）
- 本社からの指示～ディレクションに触れ、マーケティング施策を世界中でグローバル展開する際のフレームワークやKPI（重要業績評価指標）などのマネジメント方法を学ぶ機会が豊富

【外資系大手事業会社で働くデメリット】

- 役員以上や社長は外国人で占められ、日本人であることや日本支社採用であることで

上層部に昇格しづらい「ガラスの天井」が存在する会社もある

- 経営層であれば成果が出なければ降格の判断も早く、報酬や雇用が安定しない会社もある
- 日本市場でマーケティングをローカライズする裁量が少なく、本社の戦略方針を実行することにとどまる裁量の少ない会社も一部で存在する
- 上層部に昇格するには、本社経営陣とコミュニケーションできるレベルのビジネス英語が必須となる（英語を習得すれば、好待遇の転職機会も増えるため、必ずしもデメリットとはいえない）

外資系大手事業会社は絶対数も少ないため、入社は狭き門であり、社内競争も激しいのはご存じの通りです。それと引き換えに、高く評価されたときは良い処遇が得られます。ただし、**外資系企業で気になるのは、本来グローバル戦略であるマーケティング施策について、日本法人にどの程度の裁量があるのか**という点です。このローカライズのレベルは、インターネットで検索して世界各国の施策と国内施策を比較すれば、傾向は理解できるのでチェックをおすすめします。

たとえば、日本コカ・コーラやナイキジャパンのように、日本法人が企画した商品・サービスが海外市場にも展開されるような、大きな裁量をもつ場合もあります。一方

で、本社が決めた商品・サービスを本社が決めたプロモーション戦略にしたがって、日本で「販売するだけ」の日本法人も存在します。ここまで極端でなくとも、各社の裁量レベルはさまざまに異なるため、**日本の法人がもつマーケティング機能の守備範囲や、親会社との交渉力をもつキーマンの存在についてはリサーチが必須**です。

続いて、大手広告代理店についてです。こちらも非常に希望者が多く、採用の倍率が高い狭き門です。また、報酬も非常に高いため、人材の素質・能力の平均値が高く、彼らと働くことで知己を得られます。

【大手広告代理店で働くメリット】

- マーケティングの各種専門分野の知見や専門家が社内やグループ内に存在し、みずから積極的にアクセスすれば幅広い領域の知見が得られる
- 事業会社の大手クライアント企業で大型予算の案件が多く、巨額予算を投下した広告施策に関わる経験ができる
- 平均年収が高く、昇給ペースも速く、昇給面で頭打ちや行き詰まりを感じにくい
- 潜在能力の高い人の絶対数が多く、周囲の優秀な同僚からの刺激を得やすい

【大手広告代理店で働くデメリット】

- 配属や異動のコントロールはやや難しい
- （贅沢な話ではあるが）早めに報酬が上がるため、事業会社やより規模の小さな専門特化支援会社の企業に転職すると報酬が下がりやすく、転職に関心があっても足を踏み出せなくなりやすい

ちなみに、**メリットとして挙げた報酬面や人材のレベルの高さは、子会社だと異なる場合があるので注意が必要**です。子会社は、本社とは異なるコスト構造で、経営判断として報酬を抑制している場合もあるからです。親会社からの出向人材ではなく、子会社で採用された人材であれば、専門特化したマーケティング支援会社に近い処遇もありえます。

また、報酬面や人材の平均レベルは、会社の規模と比例する傾向にあります。「同じような業務を担っているはずなのに、電通より年収がだいぶ低い」というのが、下位の総合広告代理店に勤める方に共通する嘆きです。

大手広告代理店は、その組織規模の大きさゆえに動きが鈍くなりがちです。最近で

いえばデジタル化など、新しいパラダイムシフトに適応できない人も大量に出てきます。しかし、日本においては電通と博報堂といった大手代理店が多くの市場シェアを有し、その財務力を活かして、先端ソリューションや事業化への先行投資やM&Aも積極化しています。現在より影響力が低下はするでしょうが、豊富なリソースを活かしたパワープレイで事業を新陳代謝させ、今後も相対的には強い立場を維持する可能性は高いでしょう。

前述のような外資系大手事業会社や大手広告代理店にお勤めでない場合、スキルアップが社内の評価や給与水準と連動せず、早めに頭打ちとなるケースが増えます。**社内で評価されて昇格しても、その年収水準は外資系大手事業会社や大手広告代理店より大きく劣る**という事実は、頭の片隅に入れておきましょう。

だからといって、そうした企業で働くことが無意味だとか、すべてにおいて大手広告代理店や外資系大手事業会社に劣る環境だと言いたいわけではありません。むしろ、**小回りが効く分、より最先端の、あるいは実験的な仕事に取り組めるうえ、人材層の厚みがないからこそ若くして出世して大きな責任を担える企業も**あります。玉石混交ですが、キャリアアップしやすく刺激にあふれた企業も多数存在します。

事業会社とマーケティング支援会社の差は？

さて、先ほどマーケティング業務の担い手には、企業内の多くの部門にまたがるほか、外部の支援会社もあると述べました。そうした「働く場」を俯瞰して、もう一度ここで整理しておきます。

マーケティング業務で働く「場」には、大きく2つあります。個人向け・企業向けを問わず商品・サービスの製造・販売を生業とする**事業会社**と、それらの事業会社にマーケティング支援のサービスやITシステムを提供する**外部支援会社**（以下、支援会社と表記）に分けられます（図表1－3）。

前者の事業会社には、前述した外資系大手事業会社と呼べるコカ・コーラ（飲料）、P&G（日用品）、マクドナルド（外食）のような小売り・サービスの会社だけでなく、トヨタ（自動車）や三菱UFJ銀行（金融サービス）、村田製作所（電子部品）といった、さまざまな業種の国内資本の大手企業が含まれます。

後者の支援会社には電通などの大手広告代理店のほか、クラウドサービスを提供す

図表1-3　マーケティング業務を担う事業会社と支援会社

	定義	該当企業の例
事業会社	商品・サービスの製造 もしくは販売、またはその両方を展開 ・商材には個人向け(BtoC)、企業向け(BtoB)がある ・製造を外部委託する場合もある	○トヨタ自動車 ○資生堂 ○日本コカ・コーラ ○ファーストリテイリング ○セブン&アイ・ホールディングス　など
	外部から支援 ↑	
支援会社	マーケティングを支援する サービスやITシステムを提供	○電通 ○セールスフォース・ドットコム ○アイ・エム・ジェイ ○ベクトル ○マクロミル ○アクセンチュア・デジタル など

るセールスフォース・ドットコムやアドビ、調査サービスを提供するマクロミル、PRサービスを提供するベクトル、デジタルマーケティングを支援するアイ・エム・ジェイ、最近では外資系コンサルティングファームもマーケティング支援サービスを強化しておりアクセンチュア・デジタルやデロイトデジタルなど、細分化されたさまざまな専門支援サービス会社があります。

詳細は後述しますが、同じ事業会社で比較した場合、外資系より**国内資本の大手企業のほうが、マーケティング職が専門職キャリアとして評価されづらい**場合が多いようです。

一方で、**国内事業会社で働くメリットには、手厚く守られた雇用環境**があります。いまどき大手事業会社も安泰ではないという見方はその通りですが、よほどのことがないとクビにはなりません。一般的には中小規模が多い支援会社のほうが業績の変動は激しく、大手事業会社のほうが安定していることが多いといえます。

もちろん事業会社も、報酬面は千差万別です。テレビ局のように平均年収が高く1000万円を大きく超える会社もあれば、飲食サービス業のように、大手でも収益構造として平均年収を高めにくい業種も混在しています。ちなみに、厚生労働省の「賃金構造基本統計調査」によると、社員1000人以上の大企業の部長の平均年収は1200万円以上ですが、社員1000人未満の企業の部長の平均になると800万円を割り込み、企業規模によって1・5倍以上の格差があります。

次に、支援会社の傾向です。常にクライアント企業から、対価にふさわしい成果を出しているか、シビアに評価される環境が特徴です。**基準に達していなければ取引が打ち切られるため緊張感は高く、その環境下で専門業務を繰り返すため、領域は狭くとも専門スキルが身につくのは早い**傾向にあります。

評価・処遇の面では、大手広告代理店を除くと、これも千差万別です。収益性の高い企業であれば、**現場のエースと呼べるようなマネジャークラスで年収700万〜1000万円に達する**会社もあります。逆に、上場している規模の会社の営業部長クラスでも年収1000万円に満たない場合もあり、**支援会社は処遇面で非常にばらつきが大きい**のが実状です。

中小規模の独立資本経営の会社になると、報酬面に関しては、売上高や組織の規模と比例せず、さらにばらつく印象です。高収益で年収が高めの会社もある一方で、昇給や昇格の仕組みが不明瞭な会社も多くなります。オーナー経営者の一存で若くして抜擢する会社や、評価ルールが明確であっても給与水準が全体的に低い会社も混在しています。

ただ、若い人にとっては、社内の評価や昇進において年齢や経験の浅さがハンデとなりにくい点は、メリットといえます。いわゆる**年功序列の順番待ちをすることなく、早く上位の役職業務の仕事を経験でき、昇給・昇格のペースが速くなる**可能性もあります。大手企業と比べれば、20代後半〜30代前半の若さで事業部長や取締役として経営に関わる機会は生まれやすく、人材の層の薄さがマイナスでもあるし、人によってはプラスになるということです。

以下、それぞれもう少し詳しくみていきましょう。

事業会社は、マーケティング全体像を見渡せる

働く立場からみると、事業会社と支援会社では、マーケティング業務との関わり方や得られる経験も異なります。

事業会社では、支援企業に業務委託する部分もありながら、基本的にマーケティングの業務プロセスすべてを社内でコントロールしています。そのためどこかひとつの領域の担当であっても、周辺業務に触れる機会は多く、**マーケティング業務の全体像を理解しやすい環境**にあります。ただ一方で、マーケティング以外の部門への配属や異動が発生しやすく、会社によっては頻繁な**異動が起こるため、専門性が身につきづらい**会社も沢山あります。

事業会社は本当に多種多様なため、分類の切り口が難しいのですが、ここではいったん、外資系大手企業、国内資本の大手企業、中小・ベンチャー企業と3つに区分し、それらの一般的な傾向をお伝えします（図表1－4）。

図表1-4　事業会社のカテゴリ分類

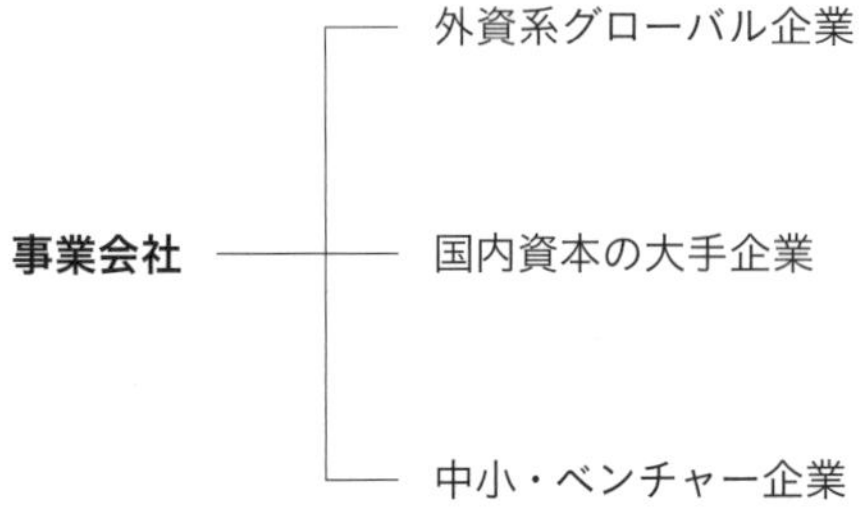

まず、外資系グローバル企業は前述した通りですので割愛し、国内資本の大手企業のメリット・デメリットを整理してみます。

国内資本の大手企業のなかでも、マーケティングの重要度や組織的な能力レベルは各社で千差万別です。企業規模が大きいとマーケティング能力も高いと思われがちですが、マーケティング能力のレベルが低い会社も混在しています。マーケティング能力が低い大手企業というのは、マーケティングが弱くても過去は市場で勝てた強い技術優位性があったり、参入障壁が高い規制産業で競合が少ない業種のケースが多い印象です。**マーケティング能力は、競争の激しい市場に身を置く企業のほうが磨かれやすい**といえます。

【国内資本の大手企業で働くメリット】

- 日本の拠点が本社となり、マーケティング戦略を策定

する起点となるため、戦略策定の自由度が高い

- 相対的には雇用や報酬の安定性が高い

【国内資本の大手企業で働くデメリット】

- マーケティングが専門職と見なされず、異動が多いので専門性が育ちにくい
- マーケティング職のキャリアパスが不明瞭で年功序列の傾向が強く、裁量や高報酬を得るまでの待ち時間が長い

デメリットとして、マーケティングでない業務への異動を挙げましたが、人によっては成長のきっかけとなる場合もあるため、一概に決めつけはできません。また、雇用が安定しているからこそ目先の成果にとらわれず、自分の裁量のなかで好奇心を満たすような実験的アプローチを積み重ねて楽しむ人もいます（それが行き過ぎた部門や人に対して、経営陣が苦々しく感じている場合もあるため注意してください）。

続いて、中小企業やベンチャー企業についてです。

中小・ベンチャー企業は、大手企業以上にマーケティングの意識と能力に大きなばらつきがあります。創業者の野生の勘でつくった定番ブランドに頼る一本足経営を長

年続け、マーケティング能力が育っていない会社もあります。逆に、規模は小さくても、マーケティング能力の高い経営層が、小規模な投資で高い成果を出している企業も一部では存在します。

【中小・ベンチャー企業で働くメリット】

- ひとりでカバーするマーケティング業務の範囲が広く、自分が起案した施策を実行する経験を積みやすい
- 部門間の壁が低く、マーケティングのすべての業務プロセスに触れ、全体像を理解しやすい
- 高い成果を出し、経営陣に評価されれば、早期の昇格・昇進が得られ、権限も得やすい

【中小・ベンチャー企業で働くデメリット】

- 会社の財務基盤が弱いため、相対的に雇用や報酬が不安定なことが増える
- 社内にマーケティングのノウハウや形式知が蓄積されていないため、みずから社内外に情報を取りに行き、学ぶ姿勢が求められる
- マーケティング専門職のキャリアパスや育成の仕組みが弱い、もしくは存在しない

●マーケティング投資の予算絶対額が少ないため、実行できる施策に制約がある

メリットとデメリットを比較しておわかりのように、**会社に守られたい受け身な人には大変つらい環境**です。一方、みずから動いて実行することを楽しめる人には、いわゆる大手企業のような裁量を得るまでの待ち期間は短いのがメリットです。

ここまで便宜的に、事業会社を「外資系グローバル」「国内資本の大手」「中小・ベンチャー」と3タイプに分けて典型的な傾向を伝えてきました。ただし、会社ごとに実態はさまざまあります。特に大手国内資本企業もマーケティングを強化する意識を強め、マーケティングに強い人材を外部から役員クラスで招聘したり、社内でもマーケティング教育投資を強めたりして、報酬を外資水準に高める会社が確実に増えています。また、大手外資で世界的な有名ブランドの中にも、日本法人のマーケティング部門や人材は非常に脆弱な会社も混在しています。あくまでも**典型的な傾向程度と理解しておいて、実際に自分が働く場として判断するときは、個別にリサーチ**しましょう。

支援会社では特定領域の専門性が深まる

続いて、マーケティング支援会社についてです。**売上規模が1000億円を超える大きな会社は少なく、せいぜい10～20社**と推察されます。国内の事業会社で売上高1000億円を超える上場企業が800社以上あるのと比較すると、マーケティング支援企業の大多数が中小企業といえます。

マーケティング支援企業の国内市場規模の推計値は、定義が難しいこともあって、私が知る限り見たことがありません。このため業界全体の正確な規模はわかりませんが、その中での最大規模のカテゴリが広告業界と推定されます。その市場規模（年間の広告費）は6兆2880億円（電通発表「2016年（平成28年）日本の広告費」より）にのぼります。それに次ぐ市場調査業界の規模は2099億円（日本マーケティング・リサーチ協会発表の2016年度推計）、PR業界の規模は1016億円（日本パブリックリレーションズ協会発表の2016年度推計）と大きな開きがあり、他の専門分野に至っては数百億円とさらに小規模になります。**マーケティング外部支援会社の業界は、金額**

的インパクトとしては、広告領域が中心で、あとは細分化された専門領域が多数存在すると考えてよいでしょう。

広告業界内でも、大手とその他の規模にはかなりの差があります。2016年度の売上高でみると、電通グループが海外を含めて約5兆円弱、博報堂DYグループ約1兆2000億円、アサツーディ・ケイグループは約3500億円となりますが、その後に続く1000億円超えの会社は限られた社数しかありません。広告ではないカテゴリの2016年度売上高をみると、調査会社大手インテージグループで約450億円、PR会社大手ベクトルグループで約130億円と、売上規模は一気に小さくなります。

ただし、規模は小さくても、人の稼働で売上が発生するフィービジネスを中心として利益率が高い業態は多くあります。**製造業～小売業では経常利益率が一ケタ台という企業が多いのに対し、マーケティング支援企業では10～15%程度ある**場合も珍しくありません。つまり、売上規模の印象以上に、利益の創出力は高いといえます。

マーケティング支援企業の業界は、以下の3つに大別できます（図表1－5）。

- **社員数の多い大手総合広告代理店系**（売上高数千億～数兆円）

図表1-5　支援会社のカテゴリ分類

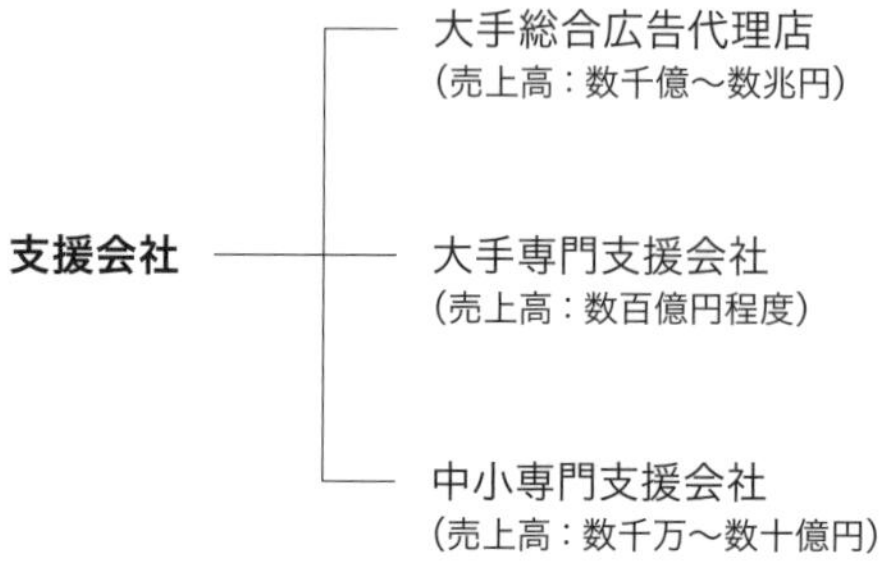

- 専門特化カテゴリとしては相対的に大きな大手専門支援系（売上高数百億円程度）
- 専門特化支援で中小専門支援系（売上高数千万〜数十億円）

大手総合広告代理店の話はすでに述べたので割愛し、ここでは売上数百億円レベルの大手専門特化支援系と、中小規模の専門特化支援系について解説しましょう。

これらの会社は、**一見して専門性が見分けづらい**という特徴があります。顧客の間口を狭めないように、**みずからを専門特化と言わず「総合系」「ワンストップ」「統合的なマーケティング支援」と主張している会社も多数存在**するからです。しかし、いくら大風呂敷《おおぶろしき》を広げても、クライアントである事業会社側の担当者には「あの会社はワンストップというけど、実際は○○の案件に長けた会社で、それ以外は頼まない」などと見透かされ、実質的には専門系と見られていることが多いものです。また、「創業社長はたしかに知識が幅広いけど、他の社員はそのレベルに到底追いついていない」と評されることも増えます。

仮にこういった企業に転職するときは、実態を見極め、「自分が貢献して総合系のポジションに押し上げるんだ！」というぐらいの強い覚悟がないとうまくいきません。「総合系」「ワンストップ」「統合」という訴求キーワードは、事業会社側も半分聞き流しているフレーズなので、その会社の本当の強みを冷静に見極めましょう。

クライアントである事業会社の立場からしても、マーケティング領域で中小規模の会社に案件を依頼するのであれば、電通や博報堂にはない尖った強みを説明できなければ社内の発注選定も通過しづらくなります。そのため支援会社は生き残るために、何かしら特化した施策領域（例：SNSマーケティング、動画マーケティング、EC支援）か、特化したアプローチ（例：デザインシンキング、データ・ドリブン）を訴求しています。

そのような**特化した施策やアプローチが事業会社に受け入れられ市場が拡大してくると、総合系の大手広告代理店が買収、もしくは社内でも専門チームを拡充して対応を強化**します。すると、専門系の会社は、再び異なる差別化を試みる。そんなサイクルを繰り返しているのが市場の力学です。たとえば、ある時期まで一部の専門支援会社の専売特許だった「戦略ＰＲ」や「デザインシンキング」などのアプローチも、いまでは多くの大手総合広告代理店がそれらの企業を買収、またはノウハウをもつ人を採用してサービスに取り込み、コモディティ化しつつあります。

大手広告代理店には、多様なスキルとアプローチを有する専門チームやスタッフが存在します。ただ、それらのリソースが、クライアントである事業会社にうまくマッチングされていない、あるいはリソース不足により巨額の広告費を捻出できるトヨタ自動車のようなトップクラスの事業会社にしか提供できない状況から、大手代理店が取りこぼす需要が多いのも事実です。専門特化した支援会社は、新しい差別化の模索を繰り返しつつ、同時に大手広告代理店が取りこぼしている需要や、大手広告代理店を元請けの案件の下請け需要をカバーしてビジネスにしています。

働く立場からすると、**支援企業で働く最大のメリットは、同じ領域やアプローチを多くの企業・案件に繰り返すことで専門性が短期間で磨かれやすい**ことにあります。たとえば、担当する商品・サービスの発売タイミングでPR業務に関わることを考えた場合、事業会社であれば年に2~3回あるかないか、という頻度です。しかし、PR会社で働いていれば、ひとりが同時に3~4社のクライアントを受けもつことも少なくありません。仮に3カ月サイクルで案件が動くとすると、単純計算で年間16案件ものPR業務に関わることになります。当然それだけの密度でPR施策に関わっていれば、短期間で専門性は磨かれます。

逆にデメリットとしては、仮にPR会社であれば、どれだけ経験を積んでも、PR以外のマーケティング業務に直接携わることが少ない点です。クライアント企業側も、専門領域以外への介入を求めていないケースが多いためです。そのため**専門領域外のマーケティング施策業務は、書籍やセミナーなどで勉強することはできても、リアルな業務に直接触れられる機会が少なく、マーケティング業務の全体像について手触り感を伴った理解が得られにくい**といえます。

では、大手広告代理店であれば、ほぼすべての領域の専門家が、社内かグループ会社内に存在するので、幅広い専門性が育つのでしょうか？　実はそうとも言えません。**すべてのマーケティング領域をワンストップでまとめて依頼してくるクライアントはまだ少ない**のが実情だからです。たとえばコミュニケーション施策の領域で、複数のメディアを束ねたクロスメディアや、PRと広告を組み合わせたプランニングは相当数あります。ただ、マーケティング4P施策を横断する、上流工程となる事業戦略やブランド戦略の策定から販売までワンストップで展開するような案件は、全体の案件数からすればかなり限定的です。

専門チームや、専門機能の子会社は、それぞれ独自に動いてクライアントを獲得している場合もあります。社内での専門領域を超えた異動も多くはないため、専門に特化した会社に比べれば「グループ社内で多様なナレッジをもつ専門家にアクセスしやすい」という程度です。つまり、社内の多様な専門性知識を自身のスキルにつなげて成果を出せるかどうかは、みずからの積極性によります。外部支援会社を総括すると、**「狭く深い専門性が育ちやすい」が「マーケティング全体を見渡す視野が育ちにくい」**環境が多いと理解しておきましょう。

最近では電通に労働基準監督署から是正勧告が入り、書類送検もされた「違法残業の常態化」が注目されました。**支援会社は、一般的には事業会社より労働時間が長い**傾向があります。業界として対策も始まり改善されつつありますが、平均的な労務環境は事業会社より悪い傾向があります。労働時間や拘束時間を気にする方は、しっかりとリサーチしておきましょう。

【大手専門支援会社で働くメリット】

- 特定領域の深いノウハウが得られる
- （小規模な専門特化支援企業に比べれば）組織をマネジメントする役職が多く存在するため、組織マネジメントの経験を積みやすい

- 規模拡大のためにサービス・ソリューションや業務を標準化する傾向にあるため、型化されたオペレーティブな業務運営スキルが育ちやすい

【大手専門支援会社で働くデメリット】

- 狭い専門領域を掘り下げるため、マーケティングの全体像に触れにくい
- すでに標準化されたソリューションが存在することが多く、自分の自由裁量でソリューションを設計する機会が少ない

- すでに標準化されたソリューションと業務に関わっていると、代替可能なオペレーティブな業務とみなされやすく、報酬水準は早めに頭打ちになる（事業や組織の規模が大きいほどサービス内容は標準化されている可能性が高まる）

報酬面としては、大手専門特化支援会社であれば、年収1000万円は、現場のエース級人材からメンバーを束ねるマネジャー〜部長クラスで到達する会社が多いでしょう。

【中小専門支援会社で働くメリット】

- 優秀な人の絶対数が少ないため、実績を出せば早期の抜擢による昇格・昇給が期待で

きる（社内競争は緩い）

- ソリューションの標準化が進んでいないため、ソリューション設計の自由度が高い傾向（ゼロベースで考える力が育つ機会となる）

【中小専門支援会社で働くデメリット】

- 企業規模が小さいため雇用や報酬が安定しない
- 社長～役員以外のメンバーの層が薄く、ミドルマネジメントとしての経験を積みにくい
- 所属企業にブランド力がないと次の転職で不利になりやすい（小規模でも業界で存在感のある会社であればリカバリできる例外はある）

報酬面としては、**中小専門特化支援会社であれば、年収1000万円は、部長～取締役以上**のクラスが一般的でしょう。ただし、小規模な会社でも、高収益な仕事に特化し、非常に報酬水準の高い会社も一部には存在します（中堅以上のベテランが集まって起業したような小規模の会社に多い）。会社の規模が小さくなるほど、報酬面は上下に激しくばらつく印象です。極端にいえば、「創業社長以外の人は、いつまでもアシスタント扱いの役割と給与」という会社もあります。

マーケティングの職人スペシャリストとして腕を磨く目的なら、小規模でも腕の立つ上司から師弟関係のごとく教わることも有効でしょう。ただ、小規模な会社であれば経営者との相性次第で心理的なストレスや経済的処遇も変わりやすいため、上司の腕前だけでなく、**人格面での尊敬・信頼や人間的相性が重要**となります。

自身で部下をもち組織マネジメントしていきたい人や、将来的に起業や経営に携わる意志がある人ならば、大規模な専門特化型の支援会社に所属しておくと、それらを担うチャンスが増えます。あまりに規模が小さい企業だと中間管理職のポジションそのものがなく、創業者以外はみんな現場の業務メンバーになりやすい点に注意が必要です。また小規模企業で収益性が低いと、新規事業や、組織マネジメントへの投資がしづらい場合も増えます。

マーケティング支援会社で働くデメリットとして、狭く深く専門特化する力学がはたらくため、マーケティング全体像への実感の伴った理解が弱くなると繰り返しました。しかし、**ごく一部の会社や大手広告代理店にある特定の部門や子会社では、事業会社のマーケティング施策全体を見渡した戦略策定を支援している**場合もあります。

図表1-6　企業カテゴリ別の一般的な傾向

		マーケティングの理解、重要度	マーケティング職のキャリアパス	報酬水準	雇用の安定性
事業会社	外資系大手企業	△〜◎	◎	◎	○
	国内資本の大手企業	×〜◎	△	○〜◎	◎
	ベンチャー	×〜△ ☆一部ITベンチャーは高レベル	△ ☆時に早期抜擢あり	△ ☆一部ITベンチャーの経営陣は高レベル	△
支援会社	大手広告代理店	○ ※グループ全体では網羅しているが連携が良いとは限らない	◎ ☆ただし、子会社→親会社転籍、他部門異動のハードルは高い傾向	◎	◎
	大手専門特化支援会社	○ 専門分野のみ	○	○	○
	中小専門特化支援会社	○ 専門分野のみ	△ ☆時に早期抜擢あり	×〜◎ ※玉石混交	×

そのような職場を求めるなら、絶対数は少ないですが探せば出てきますので、粘り強くリサーチしてアプローチしてみましょう。

ここまでかなり典型的で極端な描写で特徴を説明してきましたが、このような会社のメリット・デメリットは、個々人の志向との相性にもよります（図表1－6）。また、そもそも**同じ人でも成長ステージの段階によって重視すべきメリットは変化**します。そうした転職も視野に入れたキャリア設計に関しては、のちほど詳しく解説します。

給与水準は1人当たりの粗利益額で決まる

大手広告代理店や一部の外資系大手企業と比べ、それ以外の企業では、平均的な給与水準が低めになる傾向をお伝えしました。

では、それらの企業は経営者がケチで給与を出し渋っているのでしょうか？　一部にそういう経営者がいるかもしれませんが、大半はそうではありません。**企業の財務的余力の有無が、給与水準の違いを生んでいる**のです。

売上額が大きいから、給与水準が高いとは限りません。**給与の原資としてあてになるのは、社員1人当たりの粗利（売上総利益）金額**です。粗利とは、簡単にいえば、商品・サービスの売上高から仕入れ・製造にかかった費用（売上原価）を差し引いた金額です。同じ10億円の売上高がある企業同士を比較しても、売上原価率が片方は40%、もう片方は80%だとすれば、手元に残る粗利益は6億円対2億円と3倍異なります。また、その粗利の総額を社員数で割り算すれば、1人当たりの給与の原資が見えてきます。同じ粗利益3億円であっても、社員が10人であれば1人当たりの粗利は3000万円ですし、社員が20人であれば、1人当たりの粗利は1500万円に減少します。ちなみに1人当たりの粗利をすべて給料として支払ったら会社は赤字になりますから、**粗利から割り当てる給料の比率は、会社の投資計画・人件費の方針・人事制度などによって上下**します。

経営側からすると、この1人当たり粗利額が給与の原資になるため、粗利額が安定的に大きい企業ほど、平均給与水準を高めやすいのです。企業の粗利額は、平均的な給与水準や、社内で昇進したときの給与の伸び代を想定するには、非常にわかりやすい指標といえます。

大手広告代理店の代表格である**電通の社員の平均年収は、平成28年で1248万**

円と高水準です（有価証券報告書より）。それは単に売上規模が大きいからだけではなく、前述の通り粗利の絶対額も高いからです。では、その高い水準の粗利原資から、なぜ経営陣は高い水準の年収を社員に支払うのでしょうか？　それは、社員個々人の能力差によって、成果＝生産性が大きく異なると理解し、給与水準を高めることで、少しでも良い人材を獲得・維持したいと考えているからと推察されます。

この２つ目の「経営側が人件費に投資する意欲」も、給与面をチェックするうえでは重要です。同じマーケティングカテゴリにみえる会社でも、社員の個人差によって生産性が大きく変わらない、標準化された業務サービスやソフトウェア活用が主体の会社もあります。そうした、**社員の能力差が成果の差に直結しづらい会社では、たとえ粗利が大きくても、社員への還元が少ない**場合もあります。経営の思想として、業界で最高レベルのスタッフがいなくても、顧客が満足できるだけの成果を生み出す仕組みがあればよい、という割り切った考え方もあり得るのだ、と理解しておきましょう。

標準化が進んだ会社の場合、事業の仕組みや商品の標準化など「型」をつくり出せる人に高い処遇を与える場合があります。しかし、すでにでき上がった仕組みのなかで業務をまわす人は代替可能な人材と見なされやすく、経営側が給与水準を高める強いインセンティブが働きにくいことを覚えておきましょう。

就職・転職前に知っておきたいマーケティング業界8つの〝流派〟

第1章でマーケティング業界の構造を説明してきました。

では、同じ業態なら、どの会社でも同じアプローチと組織文化なのでしょうか？すでに業界で働く人なら実感していると思いますが、**仕事のやり方や判断のスタイルは、会社の文化やチームの責任者によって大きく異なります。**同じ武道でも強者それぞれに流派ができ独自の進化を遂げたように、マーケティングの仕事でも流派のようなものが存在します。自分がどの流派をめざすのかで最適な会社は異なりますし、自分が仕事で関わる人々がどのような流派かを見極めておくと、相手の言動が理解できずにストレスを感じることも減ります。


ここでは、私の経験に基づいて独断と偏見で整理した、マーケティング職の流派を解説していきます。

伝わりやすくするため誇張して描写しましたが、マーケティング業界内やご自分の周囲で思い当たる人はいないでしょうか？

ちなみに他流派からの評価として「○○と思われがち」というネガティブな目線も紹介しましたが、これらは各流派の中でも段位が低い人（！）が与えやすい印象です。

流派 1

とにかくエッジなブランディング派

口癖

センスいいブランドに見える?

価値判断

世界初や日本初、文化度の高い取り組みを重視し、マス化したセンスを嫌う傾向。

個人特性

個人としても、センスにこだわる人が多く、オシャレな服装や、業界で影響力をもつインフルエンサーたちとの関係性を大切にする人が多い。

他流派からの評価

「尖った施策で気取るのはいいけど、売上につながってるの?」「マス化したものをバカにしてる?」「人をセンスや交友関係で品定めしてない?」と、批判的な目を向けられがち。

生息地

先端なブランド、プレミアムなブランドであることを重視されることが多い高級ブランド領域のマーケティングに関わる人に多い。

流派

2　面白アイデア企画派

口癖

なんか、面白い
アイデアないの？

価値判断

コンセプトや表現の斬新さ、自分が心から面白いと思えることを重視し、よく見かけるありきたりな施策を嫌う傾向。

個人特性

自己表現やアイデアにあふれた楽しい時間を過ごすことにこだわる。服装や発言もユニークで、周囲を楽しませるサービス精神旺盛な人も。

他流派からの評価

「ターゲット顧客と自分は違う層なのに、自分の感性が納得しないと前に進めない」「思いつきアイデアで介入してくる」「人のことを面白い／面白くないで評価する」と思われがち。

生息地

競争相手が多くコモディティ化した商材に関わる人に多い。

3 コンバージョン売上派

口癖

結局は
売上コンバージョンに
つながったの？

価値判断

それぞれの施策が顧客の購買につながった率（コンバージョン）を重視し、イメージアップにしか貢献せずROI（費用対効果）が見えにくいブランディング施策投資を嫌う傾向。

個人特性

個人としても、お金の勘定が得意で、関わる事業がしっかりと儲かることにこだわる人が多い。上っ面ではない人の下世話な本音＝インサイト理解に長けた人も。

他流派からの評価

他の流派からは「コンバージョンを求めて煽りが下品でブランド価値を損なってる」「マーケティング施策を経済的価値だけで評価して切り捨てる」などと思われがち。

生息地

ダイレクトマーケティングに関わる人に多い。

流派

4 データ検証PDCAサイクル派

口癖

それは、データで検証されてるの？

価値判断

PDCAサイクルを重視し、検証結果に基づかない施策の乱れ打ちを嫌う傾向。

個人特性

事実や数字に基づく理解に長けていて、地道な努力ができるまじめな人も。

他流派からの評価

「改善の積み重ねにはいいが、イノベーティブなアプローチがやりにくい」「細かい数値を求められるのが面倒」などと、距離を置かれがち。

生息地

データ取得コストが低く、分析が好きな調査業界やその出身者に多い。

流派

5

戦略フレームワーク重視派

口癖

ベストプラクティスはないの？

価値判断

戦略セオリーや成功事例を重視し、個人の思いつきやアイデアに懐疑的な傾向。

個人特性

ロジカルな考え方に長けていて、良くも悪くも要領よく理解し、こなそうとする人も。

他流派からの評価

「話の抽象度が高く、もっと具体的アイデアを出してほしい」「成果にしか関心がなく、ブランドに愛情がない」「損得勘定で政治的に立ち回る」など、自意識が高すぎると思われがち。

生息地

コンサルティングファーム出身者やMBA取得者に多い。

流派

6 トレンド施策追いかけ派

口癖

最近、海外ではこういう新しいやり方してるんだよ

価値判断

業界メディアで話題の施策やバズワードに関心が高く、昔からの施策に関心が薄い。

個人特性

純粋にマーケティングが好きで、業界メディアチェックやセミナー受講が趣味化した人も。

他流派からの評価

「新手法を使うことが目的化している」「本やセミナーでよく勉強してるけど、仕事に活かせてるの?」「目新しい施策はいいけど、本当に投資回収できるの?」と、懸念をもたれがち。

生息地

事業会社、支援会社どちらにも年齢に偏りなく存在。

流派

7

真理にこだわるアカデミック派

口癖

○○教授の研究によると…

価値判断

再現性ある真理・法則を重視し、個人の思いつきや経験則には少し懐疑的な傾向。

個人特性

新しい知識習得に前向きで、海外のカンファレンスや論文をいち早くインプット。目先の経済的利益にとらわれず、自分の知識によって社会・業界・人に貢献することを喜びとする人も。

他流派からの評価

「言葉の定義や出典にうるさいから会話で気をつかう」「言っていることは正しいかもしれないけど、本当に成果が出るの？」などと、鬱陶しがられがち。

生息地

アカデミックな大学や大学院の出身者に多い（事業会社、支援会社を問わず）。

流派

8 とにかく実践知のストリートファイト派

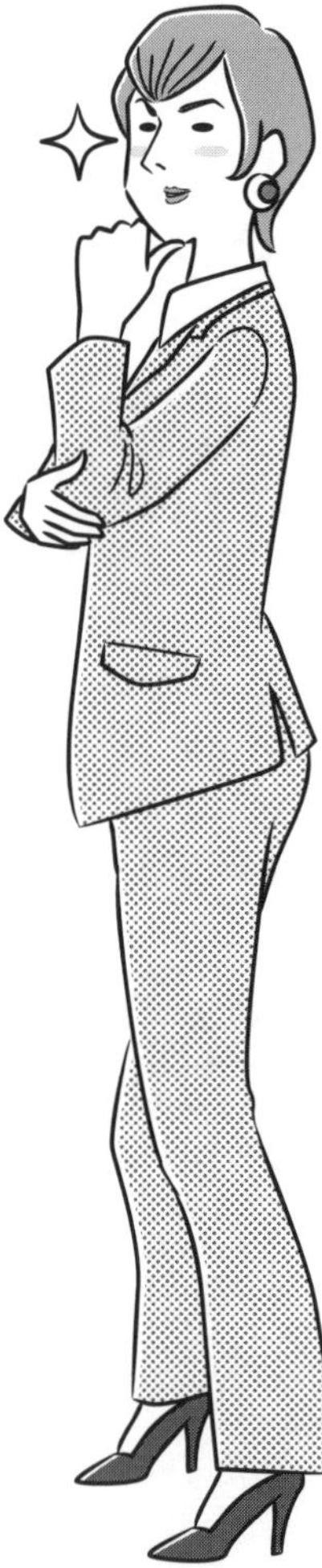

口癖／

実際にやったらこれが売れたので信じてください！

価値判断

自分で実践してきた経験知を重視し、小難しい用語や概念を嫌う傾向。

個人特性

まずは自分で体験行動してみる。その感想とともに、気に入ったものは積極的に推奨し、楽しいことや幸せな気持ちをシェアすることを喜びとする人も。

他流派からの評価

「話が面白くて興味深いけど、そのままでは上司の説得は難しそう」「自分の経験と今回のテーマでは前提条件が違うのでは？」などと、困惑されがち。

生息地

独立フリーランス～小規模な支援会社のプレイヤーに多い（事業会社出身者も多い）。

どの流派でも、レベルを究めていくと、自身のもつ思考特性や強みだけでなく、その弊害や弱点もわかってきます。このため**上段者は、状況に合わせて多くの流派を使い分けたり、異なる流派と協働できる柔軟性をもっています**。各流派の欠点を感じさせない人は、相当に経験を積んだ段位の高い人といえるでしょう。

私はこれらの**流派は、どれが正しい・正しくない、どれが良い・悪いというものではない**、と捉えています。あえて言えば、成果さえ出せるならば、どれも正しい。マーケティングの仕事で、うまく他人と協働する、上司やクライアントの意思決定を引き出すには、相手の流派を見極め、相手の思考方法からみて理解しやすく、受け入れやすいコミュニケーションをすることは大変重要です。

事業ライフサイクルと個人の強みの相性もある

また、流派とは視点が異なりますが、企業や人の適性タイプを分類する目線で、「事業のライフサイクルのどこに強いか?」もあります。単純に分ければ、次の3つです(図表1－7)。

図表1-7　事業ライフサイクルによっても、組織・個人の適性は異なる

	導入期	成長期	成熟期
	市場開拓中でニッチ	市場全体が拡大成長	市場規模が伸張せず パイの奪い合いに
個人・組織の成功要件	• 商品や新しい考え方をいち早くつくる、調達する力 • 新しい考え方を啓蒙し、市場で広げるプレゼンテーション・PR力	• 商品・サービスの標準化 • 拡大する営業〜納品組織の運営能力 • 人材の採用・育成力	• 商品・サービスの差別化 • 人件費、業務などのコスト適正化マネジメント

1．事業の新しいキーワード・概念の**導入期**に強い個人
2．事業の**成長期**に強い個人
3．事業の**成熟期**に強い個人

1の導入期であれば、みずから新しい概念やサービスを提唱する、もしくはマーケティングの海外のカンファレンスや論文からの新しいトレンド情報の入手が早く、その概念を日本国内にいち早く紹介・PRし、営業開拓する能力に長けた個人や企業が活躍。

2の成長期であれば、必ずしも自分が市場にもち込んだ概念・サービスでなくても、それらをPRで市場に広く訴え、納品サービスを標準化し、営業・納品の組織づくりがうまい個人や企業が活躍。

3の成熟期であれば、業務の生産性向上や、業務や人件費のコストマネジメントがうまい個人や企業が活躍。

このように、**個人や企業の特性は流派だけでなく、導入期〜成長期〜成熟期のどのステージに強いタイプかで分かれている**ものです。しかし、その事業ライフサイクルのステージのどこに自分が強いのか、事業ライフサイクルのステージが変わったら、どのように対応を変化させるべきか、といった点に無自覚な人や企業も多く、そのミスマッチでつまずく場合もあります。

たとえば、新しいマーケティング概念の導入・啓蒙はうまいけど、成長期に必要な組織づくりやサービス標準化のマネジメントでつまずく人。逆に、新しい概念をいち早く知るのは弱いけれど、成長カテゴリと感じたら、多くのリソースを投入して営業チームをつくり成長拡大マネジメントが得意な人。地味だけどコストマネジメントに長けていて成熟市場でしっかり利益を出せる人……といった具合です。

これらはマーケティング支援会社寄りの事例ですが、事業会社でも同じです。個人単位だけでなく、会社も一般的にライフサイクルごとに得意・不得意の傾向があります。たとえばスマホであれば、アップルがiPhoneによってスマートフォンを市場として立ち上げ見事に導入したのに対し、サムスンはスマホ市場が立ち上がった成長期に大規模投資して市場シェアを高めました。

流派や得意な事業ライフサイクルにおいて、優劣はありません。ただ、**ひとつの流派や事業ライフサイクルのもとで長期間働けば、それらの特性に無意識のうちに染まっていく**面もあります。

人と流派や事業ライフサイクルとの間には、相性の良し悪しが確実にあります。極端に相性の悪い流派なら、相手を尊重して認めながらも、自分と距離を近づけすぎないようにコントロールするのも大人の知恵です。また、異なる流派や事業ライフサイクルの勝ち方を学ぶために、他流派の職場に飛び込む、過去と異なる事業ライフサイクルの職場にあえて飛び込むのも、成長に必要な刺激といえます。

相手の流派や経験してきた事業ライフサイクルを理解できれば、相手の発言や主張の背景にある思想や成功体験も理解できます。相手と自分が補完関係になるよう、うまく協働するためのコミュニケーションと立ち回りができるようになります。**ストレスなく成果を残すためには、これらの理解は非常に重要**です。

たとえば中途採用の転職で、職歴やスキルはマッチしているはずなのになんとなくかみ合わず、採用側も採用された個人もお互いに「なにか違うなぁ……」とストレスを感じているケースの要因をひもとくと、転職先の組織と転職者の流派や得意な事業ライフサイクルにギャップがあることは多いものです。

社外の人との交流を含め、若いうちになるべく多くの流派に触れておくことは大切です。自分に合う流派、合わない流派を見極めておくと、余計な衝突やキャリアの回り道が減ります。**能力そのものは高いのに、自分や他人の流派の違いに無自覚で、うまく他人と協働できずに評価されない人が、意外に多い**ことを覚えておきましょう。**流派が違うと、その評価軸は驚くほど変わる**もので、マーケティングの世界は実に多様です。

会社が大きくなるほど、多様な流派の人が社内に存在します。しかし、**経営層に昇格している人の流派こそが、その会社のコアな文化**です。自分の流派とコア流派のマッチング度合いは、社内での出世と連動する可能性が高いといえます。**流派がマッチしていない場合は、自分が社内に刺激をもたらす異分子と割り切る目線も大切**です。

第1章　まとめ

- 「自分のキャリアをどう築くか」という視点をもつと、仕事の可能性を広げ、年収を伸ばせる可能性が広がる。
- マーケティング施策は4P（製品・購買喚起・販売チャネル・価格）で定義され、実際に担うのは、事業会社の幅広い部門と、外部から関わる支援会社に大別される。
- 年収1000万円を超えやすいのは、外資系大手事業会社と大手総合広告代理店に勤める業界のひと握り。ただし入社は狭き門であり、他の環境であれば戦略的にキャリアを思考しないと達成は難しい。
- 事業会社の特徴として、社内で4P施策全体を見渡せて、全体像を理解しやすい。国内資本の事業企業では、雇用は安定しているが、マーケティング以外の部署への異動も多く専門性が身につきづらい。外資系事業会社は、マーケティングの専門職キャリアとして扱われやすいが、日本現地法人の裁量が少ない場合は自由度が小さい。
- 支援会社では、特定の4P施策の狭い領域であっても早期に専門スキルが身につきやすく、中小系では若いうちから昇給・昇格できる会社もある。ただし、マーケティング施策全体を俯瞰しづらく、給与の処遇面で非常にばらつきが大きい傾向がある。
- 事業会社／支援会社の違いとは別に、マーケティング組織には、文化や志向・行動形態の異なる8つの「流派」がある。自分の特性と合うか、相性の見極めが大切。
- 勤め先の事業ライフサイクルと、自分の強みが合致するかどうかも要検討。

第 2 章

マーケティング職には 6つの成長ステージがある

6段階の成長ステージを俯瞰する

マーケティングの世界は、デジタル化によって業務やスキルが細分化されてきています。本章では〝目の前の仕事をうまくやるための、細分化されたスキル〟から一歩離れ、本書の主題となる〝マーケティング職でキャリアをつくる〟ために、横断的に俯瞰した成長ステージを6段階（図表2－1）に分けてお伝えします。

【マーケティングキャリアの6段階】

- ステージ1：マーケティング業務の見習い
- ステージ2：特定業務の担当者（ワーカー）
- ステージ3：特定領域の専門家（スペシャリスト）
- ステージ4：マーケティング施策の統合者（ブランドマネジャー）
- ステージ5：ブランド・マーケティング全体の責任者（CMO）
- ステージ6：マーケティングに強い経営者（CEO）

図表2-1　マーケティングキャリアの6段階

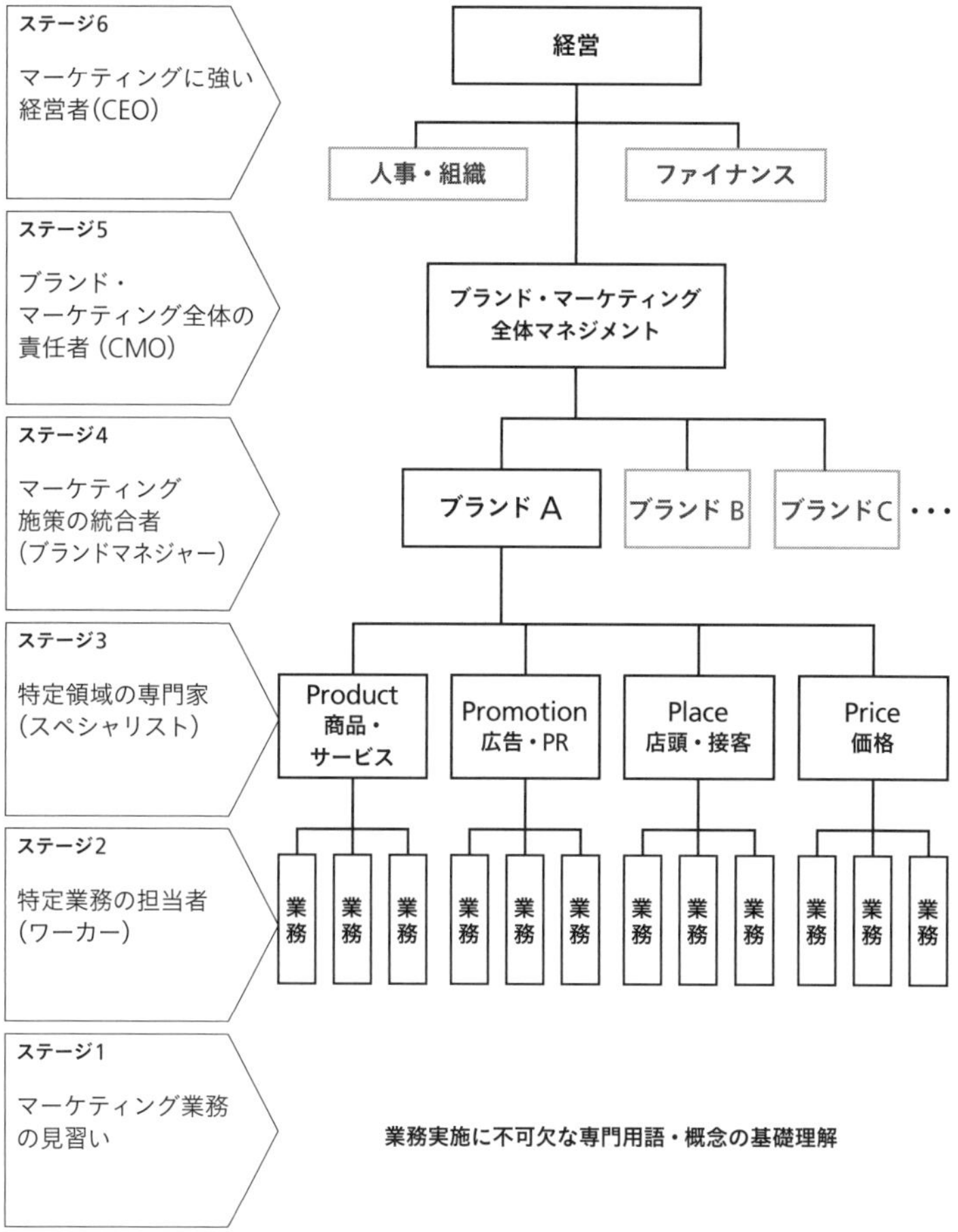

6段階というと、みなさんの社内の人事グレードより大ざっぱに見えるかもしれません。この成長ステージはマーケティングのキャリアを大きく考えるためのものなので、複雑性を減らし6段階に集約しています。大企業内での昇格や賃金テーブルと結びついたグレードであれば、各ステージがさらに2〜3段階は細分化されて運用されているイメージです。

マーケティングのキャリア構築においては、ステージ1〜3であれば専門領域の選択以外に迷う要素は少ないでしょう。**まずはステージ3の何かしらの専門領域を確立した「狭くても深いプロ」をめざすのが王道**です。そもそも、ステージ3で専門家として一定の評価を得るまでの道のりも大変なことです。実際には、**大半の人はステージ3の入り口で評価が停滞**します。そのため、ステージ3で、社内だけでなく業界内で名が知られるスターになるというのも、ひとつの立派なキャリアのゴールといえます。

その**スペシャリストを脱し、マネジメントをめざすとなると、その入り口となるステージ4のブランドマネジャーへと進みます。**ステージ4からは、業務が自分ひとりで完遂できなくなり、さまざまなマーケティング施策を連携・調和させる調整業務など社内政治の比重が一気に高まります。言うなれば、ひとつの楽器の演奏者から、オーケストラの指揮者としての役割を帯びてきます。

たとえば、画期的で素晴らしい商品の仕様やデザインができても、生産部門から突き返されて、なんとか実現できないか交渉することになったとします。**論理による説得もあれば、飲みに行って関係を深めるような泥臭い手法が有効なこともある**でしょう。専門性だけでなく人心掌握術や合意形成のプレゼンテーション力、議論ファシリテーション力などが求められてきます。また、限られた予算の中で、商品・サービスの内容を大きく変えれば売れるのか、パッケージデザインを変えれば売れるのか、広告宣伝に投資を集中させれば売れるのか……答えを出すのが難しい問いに対し、考え抜き、その方針で経営陣から各種現場を説得してまわるのも、難易度の高い仕事です。

このような**社内外との折衝がストレスになるほど不得意な場合は、マネジメントには向いていないかもしれません。**ステージ4のマネジメントへの道は、その可能性を見据えてチャレンジしつつも、自分の適性を客観視して冷静に見極める目線が重要です。マネジメントが不向きであれば、ステージ3のスペシャリストとして極めるのも、ひとつの選択肢です。繰り返しお伝えしますが、**マネジメントとスペシャリストは役割の違いにすぎず、場合によっては報酬レベルの優劣もつかず逆転する**ケースすらあります。高度なスペシャリストとして独立起業した人は、ときにマネジメントを大きく超える報酬を得る人もいます。

あえて下世話に金額の話をすれば、ごくまれに**スターレベルのクリエイターが独立すると、年収が億単位**になる人もいます。そこまで極端でなくとも、スペシャリストとして独立起業し、年収が数千万円レベルに達する人も多数存在します。つまり、スペシャリストかマネジメントかの選択は、報酬面においても、単純な上下関係ではありません。

このステージの違いを知ることは非常に大切で、同じようなマーケティングの仕事に見えても、ステージ2と4では年収は2~3倍は違います。

それでは、ここから各成長段階において【めざす水準】【必要な知識・スキル】【インプットすべき情報】を詳しく解説していきます。

キャリアステージ1：マーケティング業務の見習い
専門用語や基礎概念を理解する

このステージの平均的な人物像は、新卒、または社内の配置換えや外部からの転職によってマーケティング業務を担当して1年目の段階です。年齢は本質的には関係あ

【めざす水準】

- 専門用語を用いたコミュニケーションに問題のない基礎知識の理解
- 論点とアクションが明確で使い勝手のよい議事録作成

【必要な知識・スキル】

- マーケティングの基礎となる専門用語の理解～基本概念の理解（例：４Ｐ、ＡＩＤＭＡ、コンバージョン）

【重点的にインプットすべき情報】

- マーケティングの基礎～入門本
- 資料作成や文章執筆のテクニック本

りません。

マーケティングの仕事では**日常的に、抽象度の高い言葉が多く飛び交います。**「ブランディング」というような言葉を筆頭に「聞いたことはあるけれど、他人に定義を説明できるほどは理解できていない」キーワードは沢山あるはずです。マーケティングの細分化された分野にいくほど、未知の専門用語が出てくるでしょう。これら**専門用語を理解していないと、日々の業務遂行どころか、会話すらスムーズに成立しません。**

まずは、マーケティングの世界で使われる共通の専門用語（4P施策、AIDMAなど）を入り口に、ご自身の担当する専門分野で使われる用語（調査業界なら統計・分析の手法、広告業界ならメディアを評価する指標など）をできる限り早く覚えましょう。

議事録作成をあなどってはいけない

ステージ1の当面の目標として、マーケティング専門用語の正しい理解に基づいて、使い勝手のよい議事録が書けることをめざしましょう。

使い勝手のよい議事録は、〝話した順番に書く〟だけでは完成しません。**〝論点ごとに発言の主旨〟を整理し、今後の検討事項と、各人が推進すべきタスク・期限がわかりやすく整理されている必要**があります。これは、単純に見えて案外難しく、ディスカッションの内容や専門用語への理解のレベル、読んだ人がアクションにつなげやすい書き方の工夫など、**ビジネスパーソンとしての基礎力やスタンスが露呈**します。

残念ながら、議事録の仕事を軽視し、発言メモさえあればいいではないかと、雑な議事録をつくる人は多いものです。しかし、優れた議事録は、読むだけで各人がすべきことが明確になり、**前回の議論を思い出す時間×人数分の工程数を削減する、極めて生産性の高いツール**です。4人のチームが、ミーティング内容を思い出し、次に実施すべきアクションを理解するまでの時間が各人10分削減されたら、チーム合計で40分もの時間が削減されます。より高い価値を生み出す仕事に割ける時間が増えるのです。

ステージ1の当事者の方は、この議事録を単なる記録の雑務とみなさず、自身の理解度が試されていると意識し、関係者の仕事の推進に役立つように知恵を絞ってください。議事録を作成する過程で、専門用語の意味を再確認でき、論点整理のスキルや、読んだ人に伝わりやすい書き方のスキルが磨かれます。結果的に、基礎力を効率的に高めることができます。

会話では理解した気になっていたものの、いざ文書化しようとすると、定義や論理の綻《ほころ》びが目立ち、理解の浅さを自覚することは多いものです。

育成者の視点から

上司の立場からすると、**議事録作成はステージ1の人の実力を見極め、フィードバックによって育てるための非常に優れた実践タスク**です。この最初の仕事は、今後の仕事で求められるクオリティ意識に直結するため、しっかりと高い要望を出すことが重要です。

議事録を効率的に作成するおすすめの方法は、会議室にパソコン画面を映写できるモニターやプロジェクターを設置し、ステージ1のスタッフが会議中にリアルタイムで議事録を入力していく方法です。この方法には、次の3つのメリットがあります。

- 参加者が議題の流れと論点を目で追えるため、話題が論点から逸れにくい
- 入力内容や用語解釈の誤りがあれば、その場で指摘し、即時フィードバックできる
- 会議の終了時には、議事録のベースが完成し、議事録の作成時間が短縮化できる

会議内で映写するパワーポイントのようなコンテンツもあると思いますので、可能であればひとつの会議室にモニターを2台並べ、片方がコンテンツ、もう片方は議事

録を映すスタイルが、効率を考えるとベストです。昨今は大型モニターも安価なので、設置スペースがあれば、ぜひ投資してください。会議の質と効率が大きく向上します（図表2－2）。

図表2-2　効率的な会議スタイル

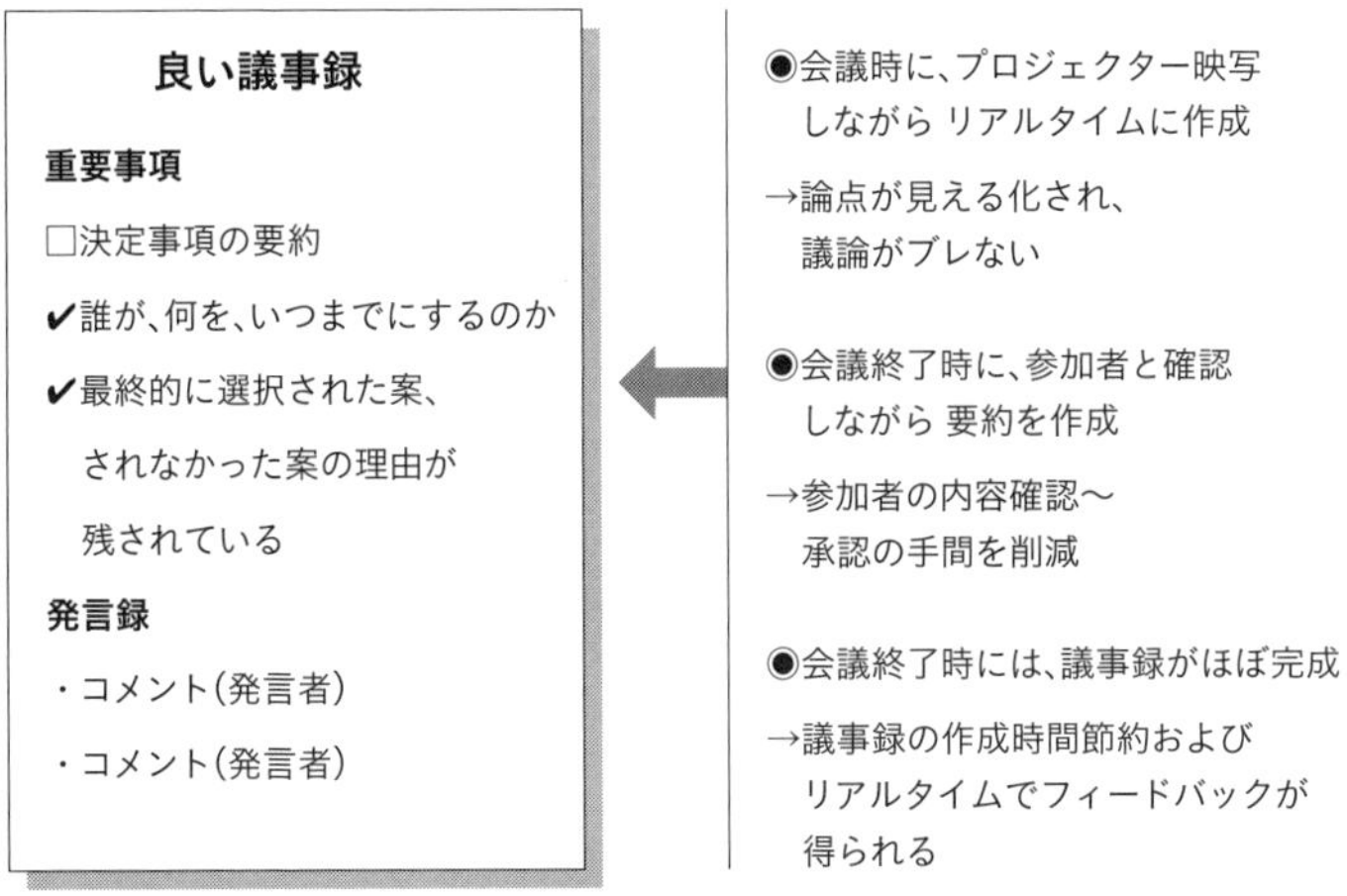
良い議事録
重要事項
□決定事項の要約
✔誰が、何を、いつまでにするのか
✔最終的に選択された案、されなかった案の理由が残されている
発言録
・コメント（発言者）
・コメント（発言者）
◉会議時に、プロジェクター映写しながら リアルタイムに作成
→論点が見える化され、議論がブレない
◉会議終了時に、参加者と確認しながら 要約を作成
→参加者の内容確認～承認の手間を削減
◉会議終了時には、議事録がほぼ完成
→議事録の作成時間節約およびリアルタイムでフィードバックが得られる

古典に挫折しそうなら入門書から始めよう

このステージでは、マーケティングの基礎を俯瞰できる入門書と、自身の担当業務の領域に特化して解説した入門書（例：広告業務なら広告の本、調査業務なら調査・統計・分析の本）を読んでおきましょう。**長い構造的な文章の専門書を読み慣れていなければ、説明がキャッチーで簡単に読める本や、マンガ化された入門書から読んでもよい**と思います。まずは、基本的な専門用語を覚

えて理解しないと、業務がまともに始まらないため、聞いたことがないキーワードをなくすことを目標にしましょう。

本を読むというと、難解な原書やアカデミックな本を読めないと恥ずかしい、と思いがちです。しかし、**無理して挫折するくらいなら「自分が読むのは時期尚早だった」と割り切り、よりわかりやすい入門書を読む**のも現実的な判断です。難解に感じる書籍は、専門用語と業務に習熟してから再チャレンジすればよいでしょう。

ただ、マーケティングの大家と呼ばれるようなフィリップ・コトラーなどの**古典と呼ばれる書籍は、その要約版の流し読みでもいい**ので、1冊は目を通しておきましょう。そのときにはすんなりと理解しにくくても、意味が腹にストンと落ちる日がやってきます。私も正直に告白すれば、若い頃に読んだ大御所のアカデミックな書籍は難解に感じ、面白さと深さがわからなかったひとりです。

また、ビジネスパーソンとして意思疎通の基礎となる、資料制作の基本ルールや、文章を考えるための基礎的なロジック体系も、この時期に学んでおきましょう。この**基礎力の差は、ビジネスパーソンをやっている限り、永遠についてまわる**ため、初期段階で身につけておくと一生得をします。

【推奨書籍】

●『コトラーのマーケティング・コンセプト』（フィリップ・コトラー著、東洋経済新報社）
●『改訂3版 グロービスMBAマーケティング』（グロービス経営大学院著、ダイヤモンド社）
●『売れるもマーケ 当たるもマーケ――マーケティング22の法則』（アル・ライズ、ジャック・トラウト著、東急エージェンシー）
●『デジタル時代の基礎知識『ブランディング』「顧客体験」で差がつく時代の新しいルール』（山口義宏著、翔泳社）
●『考える技術・書く技術――問題解決力を伸ばすピラミッド原則』（バーバラ・ミント著、ダイヤモンド社）

キャリアステージ2：特定業務の担当者（ワーカー）
専門知識と業界トレンドを血肉化する

ステージ2の平均的な人物像は、マーケティング業務について半年～2年程度の方です。このステージでは、**まずは自分の担当業務をひとりで完遂できるようになる**ことをめざします。業務に必要な専門知識を貪欲にインプットしつつ、実践を積み重ねることで、しっかりと咀嚼し、自分のものにしていきましょう。

【めざす水準】

- 上位者の監督に基づき、部分的な業務を完遂できること
- 世の中のマーケティング施策の意図を、専門知識やフレームワークに基づいて解釈を深め、自分の言葉で説明できること

【必要な知識・スキル】

- 担当する施策領域における専門知識、最新事例、変化トレンド情報

【重点的にインプットすべき情報】

- 担当領域を深掘りした専門書
- マーケティング業界～担当施策の専門メディア
- 担当領域における自社と競合の施策

担当する施策領域において、自社と競合の施策の相対比較をし、時系列での変化も踏まえて自分なりの見解をもちましょう。小さく細分化された業務でもいいので、社内から「あの業務なら、○○さんに任せられる」「あの業務がわからなければ、○○さんに聞いてみよう」と**頼られるような評判を得ることが目標**です。知識を高め、自力でのアウトプットによって信頼を得ることが大切です。

自分ひとりで完遂できる業務を増やす

ひとりで完遂できる業務を増やすには、商品・サービスや広告の企画担当であれば、**さまざまな企画テクニックをインプットしつつも、多くの企画を実践する**のが効果的です。また、調査担当であれば、統計解析によって出てきた数字（例：ブランドAとBでは認知率に大きな差がある）の背景を自分なりに情報収集して解釈する、といった考察を繰り返すことが大切です。

このステージの業務担当者が、業務や施策の背景にある戦略の組み立てを求められることはないでしょう。しかし、その背景を自分なりに掘り下げて推察を繰り返すことが訓練になり、業務のアウトプットの品質にも効いてきます。たとえば、広告やP

Rに関わる人なら、次のような問題意識を掘り下げていってみてください。

- 自分が関わっている施策は、どのような顧客ターゲットの、どのようなインサイトを刺激するものか？
- どのような社会トレンド、時流を活用した施策なのか？
- 施策の手法やアプローチで類似した他社の成功／失敗事例はないのか？
- そこから得られる学びは何か？
- 露出しようとしている媒体や広告枠は、限られた予算のなかでなぜ優先的に選ばれたのか？

ひとつひとつを深く「なぜなのか？」と自分なりに解釈し、それを自分なりにタグづけをします。企業やブランドの価値を表す一言を「タグライン」と呼びますが、同じように各事例の特徴を「タグ」で整理するのです。**〝タグづけ〟とは、後で類似例として引き出せるようにするための、記憶をする際につける「付箋」**と思ってください（図表2－3）。

付箋をつける視点はさまざまで、次は一例ですが無限の切り口が考えられます。

図表2-3　施策をタグづけして整理・格納する

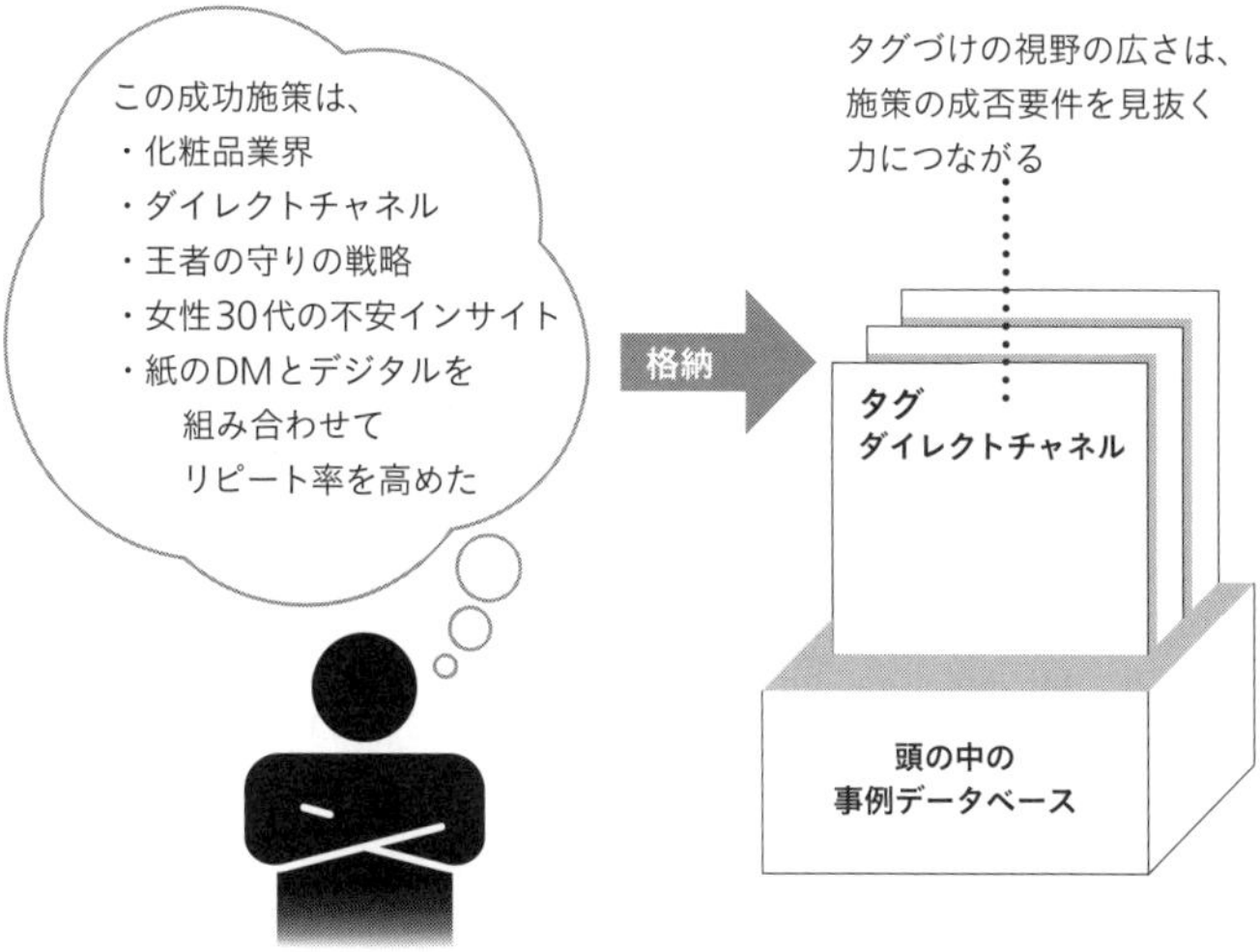

- ターゲット別のタグ：「イノベーター向け」「20代女性のインサイトをうまく突いている」など
- 市場攻略別のタグ：「アジア進出の成功事例」「外資系企業の日本市場ローカライズの成功事例」など
- 施策パターンのタグ：「SNSでユーザーが自発的に拡散」「値上げの成功施策」「社会貢献から企業PR報道露出につなげた」など
- 組織ガバナンスのタグ：「ボトムアップで成功」「オーナーのトップダウンで成功」など
- ビジネスKPIのタグ：「新規顧客獲得コスト削減」「LTV向上」「クロスセル率向上」など

そして、単にタグづけして頭の中に格納するだけでは応用が利きません。**そのタグづけした施策の成功や失敗について、応用できる要件を見抜く**ことが大事なのです。

たとえば「アジア進出の成功事例」であれば、「現地の規制を回避するために政府に働きかけた」、「〇〇の都市は、電気供給が不安定だからバッテリー機能をつけてローカライズした」など、成功の裏にある応用可能な要件まで分析して覚えておくのです。すると、別の業種でアジア進出を検討する際にも、応用できそうな要件とともにすぐに思い浮かぶかもしれません。

マーケティングは非常に複雑性の高い仕事なので、この「タグづけをする視点の多様さ」と「汎用化できるよう要件を整理するうまさ」という2つを磨き上げておくと、さまざまな戦略や施策を判断する精度を高められます。

また、事例を話して説得力のある人と説得力のない人の分かれ目は、過去事例からの要件の抜き出し方と活かし方にあります。このため、**頭の中に格納するタグと要件を増やし続け、必要なときに素早く引き出せる**ようになりましょう。各種施策を分析し、タグづけする際に自分なりの記録メモをつくると、頭の中も整理されますし、記憶に強く残るのでおすすめです。

日常のなかで本質を見極める訓練をしよう

また、目の前の業務への考えを深めるだけでなく、世間で話題になっている施策については、マーケティングの知識やフレームワークに基づいて咀嚼することが大切です。

たとえば、「レッドブル」の動画を見て、あなたならどんな感想をもつでしょうか。

「どれもかっこよくてクールだよね。観ていて興奮する！」

それも素直な見方ですが、これだけでは素人の感想です。

マーケティングのプロであれば、一例ですが、次のような疑問に対する自分なりの仮説を立ててほしいと思います。

- なぜネット上のオウンドメディア（自社運営メディア）で、エクストリームスポーツの動画配信をしているのか？
- どのような層があの動画を好んでいるのか？　実際にブランドイメージの向上や、商品の購買にどの程度つながっているのか？
- どの程度の投資額で、費用対効果は？　類似する他社事例はないか？

● 自分が競合ブランドの担当者なら、どのような施策でレッドブルに対抗するか？

こんなふうに自分なりに咀嚼できるネタは、日々の生活のなかに沢山あります。それらに対して解釈を深めるには、**施策の背景や周辺にある情報（売上・利益など財務データ、ビジネスモデル、他のマーケティング施策）をさらに集めるほか、公開されない情報についても推論を交えて考える**など、複合的な視点が必要です。

ちなみに放送作家・脚本家をはじめ、クリエイターとして素晴らしい実績をもつ小山薫堂氏は、世の中の広告を観たときに「自分だったらこうするのに」と、企業から頼まれてもいないのに独自案を考えることを「勝手にテコ入れ」と称して日常的に実施されているそうです。実践すべきは、まさにこれです。

多くの場合は、収集できる情報には限界があり、客観的な正解もありません。また、マーケティング業界の専門メディアが「新しいアイデアやソリューション」としてもてはやす施策であっても、実は採算が厳しく、持続性がないものも多くあります。ですから、**〝メディアで成功扱いされる施策〟も適切かどうか疑ってみる**姿勢が必要です。そもそも「なぜレッドブルは売れているのか？」というシンプルな問いに対する答えも、人によって解釈が異なり、おそらくレッドブルの企業の中ですら、人によって答えはばらつくでしょう。

その「客観的できれいな正解がない」けど「仮説検証を重ねて、より本質に迫った答えを探し続けること」こそ、マーケティングの仕事の根幹であり、その面白さと難しさは表裏一体といえます。


私は、多くの部下育成に関わってきましたが、どれほど頭が良く優秀であっても、**正解がない答えの模索を楽しめない人は、ストレス耐性の面でマーケティングの仕事には向いていない**と感じています。脅すわけではないですが、マーケティング職に憧れ、学力や仕事には自信があったけれど、ストレス耐性が低いという人は、メンタルがもたずに鬱になってしまうケースも散見されます。

メンタルヘルスのマネジメントや、適性の判断は、本人とともにマネジメント側も配慮すべき重要な仕事です。ただ、若いうちは基本的に上司を選ぶことはできません。上司側に、部下のメンタルヘルスを考慮する意識や能力がなければ、自分で自分の身を守るしかありません。自分のストレスや適性は、常にシビアに問い続け、自己判断する心構えをもつことが大切です。

企画力と同じくらい重要な説明能力

「その企画コンセプトの前提となるターゲット顧客層として、なぜその層を選んだのでしょうか？」

このような**質問に対し明快に答えられることは、大げさに言えば、良い企画を立てることと同じくらい大切**です。もしあなたが、毎回圧倒的なキレのある施策アイデアを出せる天才なら、答えられなくても許されるでしょう。しかし、残念ながら99・9％の人は天才ではありません。さらに言えば、**優れた企画アイデアでも、その素晴らしさと期待できる成果をうまく説明できてこそ、企業の会議で採用され、実行される**可能性が高まります。

説明力を養うことは、単に周囲からの評価や合意形成力を高めるだけでなく、みずからの学習の質を高めることをぜひ覚えておいてください。明確な意図や仮説があるからこそ、失敗時にはその要因を学びやすくなります。**経験からの学習は、プロに求められる〝成果の再現性・安定性〟につながります。**

育成者の視点から

マーケティング施策を咀嚼しタグづけするトレーニングは、「重要度は高いが、緊急性は低い」業務です。しかし、だからこそ、**あなたが育成側の上司であれば、ステージ2の部下には、業務アウトプットの良し悪しだけでなく、アウトプットの背景意図の説明を強く求める**ことが重要です。

部下が考察した内容の発表機会を、定期的に設定するのもおすすめです。たとえば週一度のペースで部門内勉強会を開催し、若手から定期的に見解を発表させ、それに対してメンバー同士で評価・フィードバックするのはどうでしょう。これが定例化すると、ステージ2の人には能力開発となり、その他のメンバーには新しい事例を知る機会にもなるため一石二鳥です。

しつこく書きましたが、この**咀嚼のトレーニングは、たとえれば筋トレ**です。一朝一夕で身につくものではありません。だからこそ、ステージ2の初期からトレーニングする癖をつけ、着実に積み重ねていきましょう。この咀嚼の癖がつかなかった人は、単純業務を遂行する代替可能な作業員で終わってしまい、評価や報酬も上がっていきません。この**訓練を怠った人は、次のステージ3の入り口から急に伸び悩み、キャリ**

アはそのまま頭打ちになっていく傾向があります。

インプットすべき情報は、まず「量を担保」する

ステージ2は、インプットの量が質に転化する時期です。日々の忙しさを言い訳にせず、**情報インプットの「量を担保」することが重要**です。自分の専門領域に関わりがありそうなものであれば、書籍、業界誌、競合他社のホームページやメールマガジンでの発信内容、イベントやセミナーの聴講など、多くのソースから情報を得て、過去から将来へのメガトレンドも理解できるようにしましょう。

慣れないうちは、どのようなメディアや本が自分にとって有用か、事前に判断するのは難しいもの。**食わず嫌いせず、幅広い情報を浴びるように摂取する**のがポイントです。そのうえで、身にならない、あるいは興味がもてない情報ソースはリストラし、入れ替えればよいのです。

もし、あなたがファッション業界のPR・広報の担当であるならば、ファッション専門メディアの企画の傾向や、メディアで自社や競合がどのような露出をしているのかを押さえておくのは基本です。また『広報会議』のような施策ソリューションに焦

点をあてた業界誌も目を通してみましょう。広告担当であるならば、『宣伝会議』のような業界誌で、幅広く他社の施策を把握しておくべきです。商品担当ならば、自社と競合の商品ラインナップ〜仕様〜訴求ポイントや、メディアや消費者からの評価を隅々まで熟知しておきましょう。

ステージ2の段階では、業務遂行スキルの高さや、独自の解釈によって、ほかの人にない価値を出すのは難しいもの。しかし、**情報収集であれば、上司よりも早く、幅広く知ることができる**はずです。

「あ、そのネタなら、女性誌◯◯の◯◯コーナーなら相性がよく、掲載してもらえそうな気がします」

「そのアプローチは、すでに競合が実施しているのでパクリと思われるリスクがあります」

このような**気の利いた情報をすぐに出せるようになれば、業務スキルが卓越していない段階でも価値を発揮**できます。ステージが低い時点でも、チームに貢献できる方法はあるのだ、と考えましょう。情報収集の速度と量で頑張ることは成長の種まきであり、メンバーとして貢献できる数少ない手段のひとつです。ちなみに、ステージ2での推奨書籍は、専門領域によって細分化しているため割愛します。それぞれの専門領域の専門書を探してください。

育成者の視点から

もしあなたが育成担当者であれば、このステージ2のメンバーが**コストを理由に情報や知識のインプットを抑制することがないように留意**してください。このステージにいる部下が若者であれば給与も高くなく、自己投資できる金額は現実として限られます。ですから、重要度の高い媒体やセミナーなどは、費用を補助してあげられるよう会社の予算を準備しておきましょう。

私も、「意識の高い人は、自己投資として自分のお金で勉強する」という言説は否定しませんし、経験則としても真実と思います。ただ、「社員の大半は、環境次第で行動が変わる」ことも現実です。経営上、この**ステージ2の層の成長率を高め、離職率を下げることが、重要な課題**となっている企業は多いものです。

メンバーには「成長は自己責任」というメッセージを出しつつも、意欲あるスタッフが適切な情報インプットと刺激が得られる環境を、できる範囲で整備しましょう。その姿勢は、必ず部下にも伝わり、自身や会社への信頼にもつながります。

キャリアステージ3：特定領域の専門家

再現性のある深い専門知識をもつ

ステージ3の要件は、マーケティングの特定領域（例：商品・サービスの企画業務、ネット広告、SEO、アプリ、デザイン、ソーシャルメディア、通販の販促、CRMなど）におけるスペシャリストです。その特定領域のトレンドを理解し、プロジェクトマネジメントや実務をひとりで完遂でき、社内外から相談が舞い込むような存在といえます。

専門領域における戦略と実務を理解し、関係者を説得できる判断基準の提示と合意形成能力をもち、一定レベル以上の成果を安定的に出せることが必須条件です。つまり、専門性に加え、進行管理や合意形成を円滑に推進するプロジェクト・マネジメント・スキルも必要です。

成長の早い人であれば、マーケティング業務歴2年程度の経験で、このステージ3の入り口にたどり着くようなイメージです。逆に言えば、要領のよい人ですら2年程度はかかるという事実が、マーケティング業務の複雑性や、ノウハウが形式知化されておらず暗黙知の比重が高いことを示しています。

【めざす水準】

- 専門領域の施策について独自の見解があり、プロジェクトの推進を担い、成果を出せる
- 専門領域の施策について社内外から指名で相談が来るほどの、信頼と実績がある

【必要な知識・スキル】

（専門領域における）

- 再現性のある体系的な専門知識
- 経験に根ざした独自性の高い見解
- プロジェクト・マネジメントのスキル

【重点的にインプットすべき情報】

- マーケティング専門領域の専門書やメディア
- マーケティング業界メディア
- ビジネス一般メディア

このステージのスペシャリストとしての実力や知名度には、大きな幅があります。同じステージとは言いにくいほど、人材や収入のレベルに大きな格差が生じます。**支援会社であれば、年収500万円くらいから始まり、業界内で名声とどろくスペシャリストクラスなら組織に雇われながらも年収1500万円クラス**の人まで見かけます。独立した人であれば、さらにその数倍を稼ぐような人も散見されます。

キャリアを考えると、**スペシャリストを極めるのか、ステージ4以降のマネジメントに進んでいくのか、このステージが大きな分岐点**です。ただし、このあたりの身の振り方は、初期段階で判断する必要はありません。**ステージ3である程度の年数を経てから、自身の興味と適性を見極めればよい**でしょう。

専門領域で代替できない存在になる

ステージ3のスペシャリストとしての価値を高めるには、自分ならではの付加価値を発揮することが欠かせません。単に専門書の内容を網羅的に理解していることや、円滑なプロジェクト・マネジメントができることだけでは、必要条件を満たしているにすぎません。それでは、ステージ3の入り口で評価が停滞してしまいます。

具体的には、**専門領域において独自の見解やノウハウをもち、代わりの利かない存**

在になることです。独自の見解やノウハウとは、本や他人から得た借り物の知識ではなく、みずからの体験に根ざしたものです。その地に足のついた見解やノウハウは、聞いている側にもリアリティが感じられ、プロフェッショナルとしての説得性と信頼性が増します。ステージ3レベルで必要な見解の一例を次に示します。

【調査業務の例】

「調査ではニーズの定量化が重要と言われるが、自社の市場シェアは低く、そもそもニッチなポジションであるため、限られた予算の配分を考えると、インタビューの定性調査のみ実施し、定量調査まで予算を割く必要はないのでは？」「統計的には有意と言い切れない数値だが、今後の市場変化を考えると無視できない要素であり、単純に統計的基準で数値を取捨選択すべきではない」といった具体的な判断と提案。

【ＰＲ業務の例】

「業界ではFacebookは広告に適していないと言われているが、この商品は嗜好品なので細かなターゲティングで広告露出すればＲＯＩ（投資利益率）が十分とれる」「競合が大成功した手法は、自社とは成立条件が異なるので、自社は安易に真似すべきではない」などの具体的な判断と提案。

いずれも、**教科書に書いてあるような一般論ではなく、具体的な経験則や現場の暗黙知に基づいた判断を提示できるか否か、**がポイントです。

マーケティングはノウハウ化が遅れた領域が多いので、専門書の知識をすべて覚えても成果を出せる実践にはほど遠く、すぐに成果が得られるわけではありません。多くの人が「教科書的な話を覚えたところで、現場業務をうまく推進できない」と感じているからこそ、その間を埋められるようなノウハウや見解に大きなニーズがあります。施策の成功事例をつくるとともに、再現性のある形式知にまとめて社内外に発信できたら、専門家としての価値は大きく高まります。

専門領域の知識と経験知を「見える化」する

ステージ3でレベルを高めるうえで重要なのは、基本的な専門知識に、独自の経験と見解を付加し、再統合してアップデートした専門知識を社内外にアウトプットすることです。

ただし、アウトプットは、期日の締め切りがないとなかなか進まないもの。このため、社内外での**勉強会やセミナーでのプレゼンテーション、社内外のメディアへの寄**

稿、会社の方針で許されるならブログやSNSへの投稿など、フィードバックにさらされる機会を増やすことがポイントになります。発表してこそ得られるフィードバックにより、自分のノウハウのなかで思ってもみないものが価値として評価されたり、逆にニッチすぎるノウハウはリテラシーの高い同業者にしかウケないことがわかったり……と、リアルな学びが得られます。

外部団体が主催するセミナーで講師を務めたりメディアに寄稿したりする機会は、誰もが最初から得られるわけではありません。しかし、**社内で自主的に企画する勉強会、SNSやブログへの投稿であれば、みずから手を上げれば機会をつくれる**はずです。恥ずかしい、面倒だ、異論が怖い……と思わず、多くの場数を踏みましょう。その場数で得られるフィードバックこそが、独善的で視野の狭い専門家に陥らない、市場ニーズを理解したスペシャリストへと育ててくれます。

これらはステージ3のビジネスパーソンのマーケティング活動そのものです。**発表機会に合わせて更新し続ける資料こそ、独自ノウハウを見える化した資産**です。この専門ノウハウの体系化と見える化は、みずからの成長促進につながるだけではありません。社内メンバーに対する教育コンテンツになるほか、社内外への自分のPRにもなり、一石三鳥の成果となります。業務で成果を出していれば、見る人は見てくれているという人もいますが、人材としての市場価値を高めるには不十分です。**スキルや実力は、多くの人＝市場に伝わることで、初めて人材としての市場評価につながる**からです。この努力を怠りながら、周囲の自分に対する評価が低いと嘆いてストレスを溜めている人が案外多いので、自分を業界や市場に売り込む意識も大切です。

日々のニュースをネタに「仮説・検証」力を上げる

ステージ3になれば、ビジネスの専門メディアではなく一般メディア（例：『日経ビジネス』『週刊ダイヤモンド』『週刊東洋経済』『NewsPicks』など）にも幅広く目を通しましょう。**日々報道される時事ニュースは、自分の専門知識というフィルターを通したとき、どのような意味合いをもつのか考える**ためです。ステージ3からは、マーケティング施策に限ったニュースだけでなく、事業レベル、さらに企業レベルのニュースからマーケティング的な意味合いを咀嚼する癖をつけましょう（図表2－4）。

たとえば、2015年に米国で発覚したフォルクスワーゲンの排ガス不正問題を例に考えてみましょう。同社は、環境規制検査をすり抜けるため、ディーゼルエンジン車に排出ガスをコントロールする不正なソフトウェアを搭載していました。このニュ

図表2-4　社会的ニュースを自分なりに咀嚼する

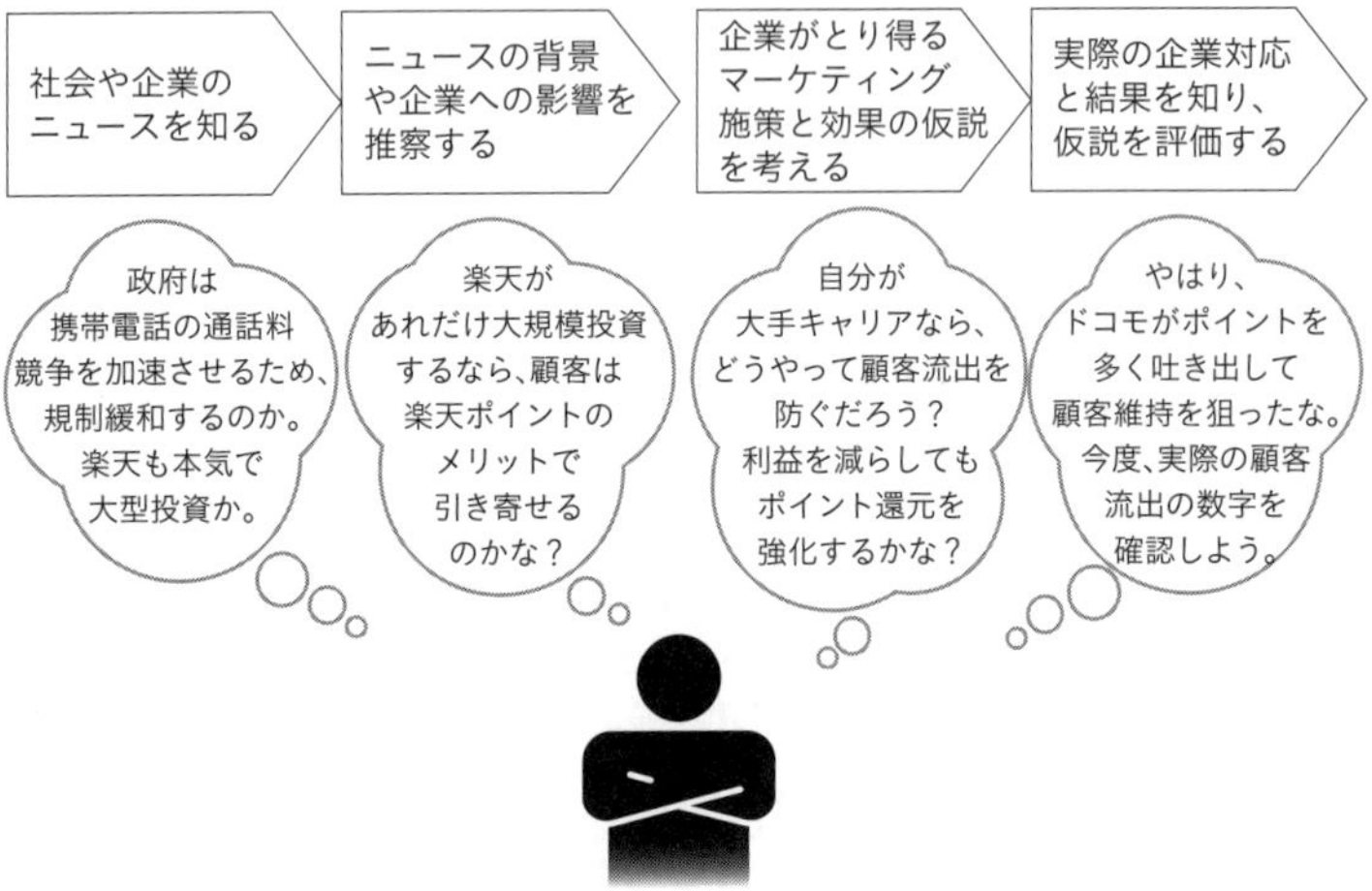
社会や企業のニュースを知る
ニュースの背景や企業への影響を推察する
企業がとり得るマーケティング施策と効果の仮説を考える
実際の企業対応と結果を知り、仮説を評価する
政府は携帯電話の通話料競争を加速させるため、規制緩和するのか。楽天も本気で大型投資か。
楽天があれだけ大規模投資するなら、顧客は楽天ポイントのメリットで引き寄せるのかな？
自分が大手キャリアなら、どうやって顧客流出を防ぐだろう？利益を減らしてもポイント還元を強化するかな？
やはり、ドコモがポイントを多く吐き出して顧客維持を狙ったな。今度、実際の顧客流出の数字を確認しよう。

ースを聞いたとき、日本市場への影響と対応策は、どのように考えられたでしょうか。

実は、フォルクスワーゲンは日本市場にディーゼルエンジン搭載車を導入したことがありません。つまり、単純に考えれば「ディーゼルエンジン搭載車を導入したことがない日本市場は、販売落ち込みのダメージは少ないのでは？」とも思えます。しかし蓋を開けてみると、不正発覚直後の翌月の新車販売台数の落ち込み比率は、世界市場のなかで日本がもっとも大きく、前年同月比48％減でした。不正のあったディーゼルエンジン搭載車を導入していた米国や欧州は、10％に満たない落ち込みにもかかわらず、です。

その背景には、企業やブランドへの信

頼を重視する日本人の価値観があった、輸入車として他市場より相対的に価格を高くプレミアムな位置づけで販売してきた戦略との落差が生じたなど、さまざまな要因が考えられます。

「自分がフォルクスワーゲンのマーケティング関係者なら、どのように対策を打つのか？」

このような**時事ニュースを見たら、その影響と対応策の仮説を立て、その後の現実の推移を見ながら検証していく**ことがよいトレーニングになります。これらを繰り返すことで、類似した事象が発生したとき、自信をもって判断することができます。支援会社の立場の人であれば、自分で考えた解決策を、そのまま事業会社に自主提案するのもよいでしょう。

キャリアステージ4：ブランドマネジャー
ひとつのブランドに責任をもつ

ステージ4は、ひとつの商品・サービスのブランド（例：サントリーであれば緑茶の「伊右衛門」、コーヒーの「ボス」、炭酸飲料の「ペプシ」など）に関わる商品・サービス、広告・

【めざす水準】

- 商品・サービスブランドの長期的なブランド資産育成と、短期的な売上・利益の両立を実現
- 商品・サービスブランドについて、社内外から指名で相談がくるほどの信頼と実績がある

【必要な知識・スキル】

- 個別ブランドのブランド戦略を策定できる
- 個別ブランドのブランド戦略と一貫性あるマーケティング４Ｐ施策のディレクションができる
- 上記実現のための社内折衝、政治的な立ち回りを含めた高度なプロジェクト推進マネジメント力

【重点的にインプットすべき情報】

- ブランド戦略の専門書
- マーケティング施策全体を見渡す～統合のための専門書
- ビジネス一般メディア

PR、チャネル営業、価格政策などの**マーケティングの4P施策の展開を統合し、ブランドの価値向上と売上・収益の成果の両方を両立させる**存在です。

一部の企業では**ブランドマネジャー**という役割名称となり、そのブランドの事業の最終的な収支にまで、非常に重い責任をもちます。事業収支に責任をもつレベルとなると、マーケティング4P施策を超えて、研究開発部門や生産工場などとの折衝も発生します。社内の多くの人を動かす**ヒューマンスキルやプロジェクトマネジメントで求められるレベルも一気に高まる**でしょう（ただし、国内資本の事業会社の一部では、ブランドマネジャーと肩書がつきつつ、事業の収支責任が負わされていない、それにふさわしい権限をもっていないケースも散見されます）。

日本の事業会社では、ブランドマネジャーという役職がない、多くの施策を統括する個人の役割が設定されていないこともあります。多くの部門を横断し、施策を統括する個人を立てることが社風に合わないという判断ゆえです。また、経営層が無意識にこの施策を統合する役割を代替している、あるいはマーケティングリテラシーが低くて、ブランド価値を高めるにはマーケティング4P施策に一貫性をもたせる統合の必要性を理解していない、といった理由から、一部の企業を除いて、ブランドマネジャーという役割が公式には存在しないことも多いのが実状です。

一方で、**支援会社側に、各種施策を統合してマネジメントできる企業はほとんどありません。**事業会社の多くには「各施策の統合は、社内人材がすべき」という意識があります。このため、統合能力に課題を感じながらも、わざわざお金を支払って支援会社に依頼するニーズは限られているのです。そのため、**支援会社に属し、無意識なまま社内の先輩だけを見ていると、ステージ4の仕事の内容が見えません。**ステージ3のスペシャリストとしてレベルを高める以外のキャリア展望が見出しにくい、という構造上の問題も認識しておくとよいでしょう。

そもそも、なぜマーケティング4P施策は統合される必要があるのでしょうか？

それは、商品・サービス、広告・PR、チャネル営業、価格政策……これら**一つひとつの施策の印象の一貫性が高いほど、顧客の頭の中でブランド価値が蓄積し、商品・サービスを選択する確率が高まる**からです。逆に、個々のマーケティング施策を個別最適で頑張るだけでは成果が出にくいといえます。

ステージ4では、次のような能力を身につける必要があります。

- ブランドの収支を改善するためのブランド・マーケティング戦略策定能力
- ターゲット顧客の設定、刺激するインサイト、知覚認識されたい商品・サービスの価

値といったブランド戦略の策定～社内合意形成力

- ブランド戦略に沿ってマーケティング4P施策に一貫性をもたせるディレクション力
- 長期的なブランド資産育成に寄与する施策と、短期的な売上・利益回収の施策をバランスさせる投資ポートフォリオ管理能力
- 自分に欠けた専門領域を理解し、適切な専門家にアクセスして補完する力

大前提として、**マーケティングのすべての領域を知り尽くす人など存在しません。** たとえば商品コンセプトに強い人でも、生産技術の制約や広告の最新テクノロジーには弱い、といったことは珍しくありません。

このステージ4の役割を担うには、すべての施策の専門性を極めること以上に、**ブランドとマーケティング全体像を見える化し、関係者と協働して推進する力が必要**です。自社や自分だけで担えない領域を理解し、社内外から適切に補完・調達する力も求められます。また、事業会社内で意思決定をまとめあげる論理的な説明力、そして政治的な立ち回りや根回しも必要です。いわば、各種施策の担当者や外部の専門家を束ねてひとつのアウトプットを出す、オーケストラの指揮者のような存在です（図表2－5）。

図表2-5　ブランド戦略

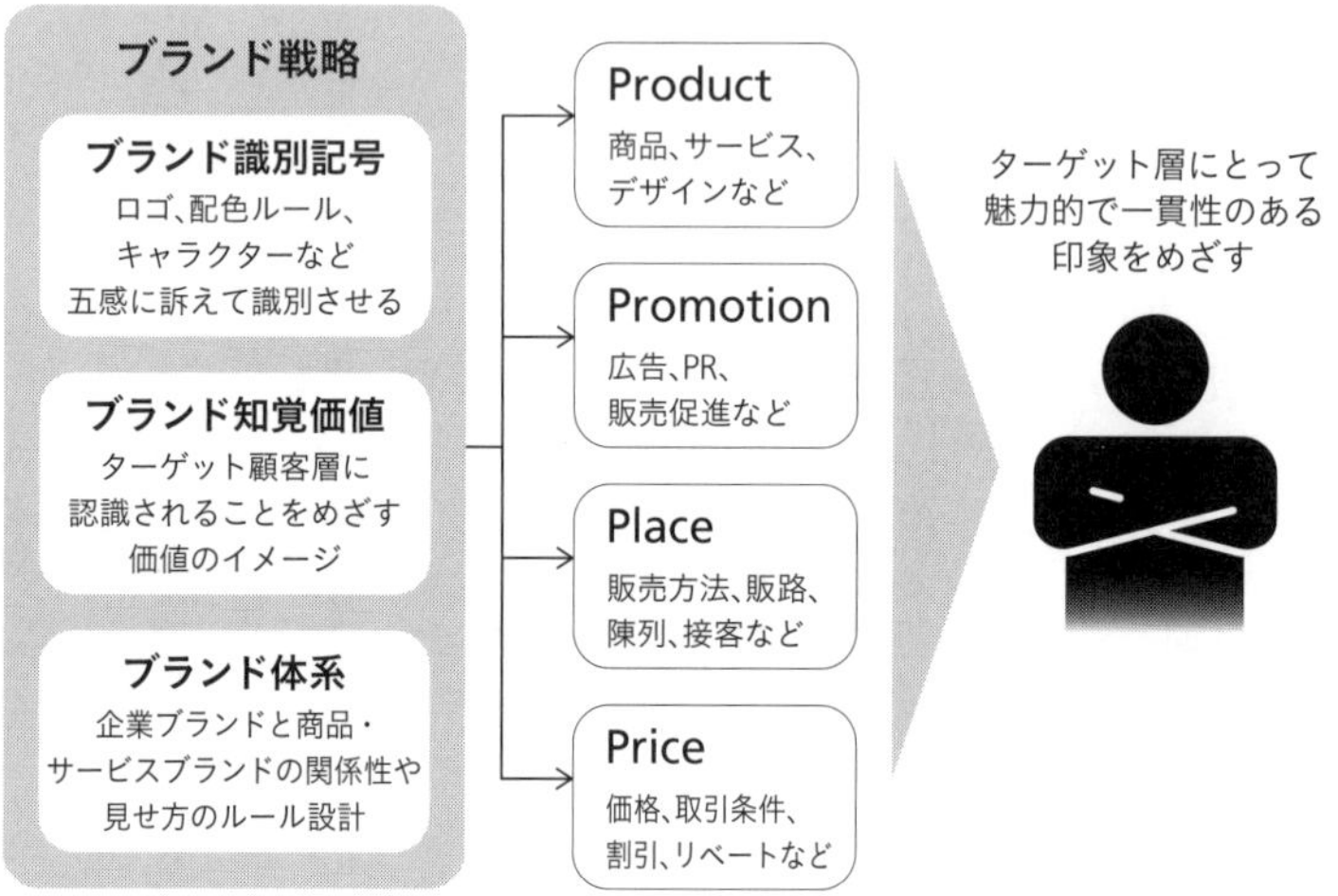

もちろん**全体像を設計するには、すべての領域について最低限の基礎知識は必要**です。マーケティングのデジタル化に関して基本的な理解がなければ、どの施策でどのようにデジタルを適用すべきかの勘所もつかめず、適切な相談相手すら選べません。

ちなみに、日本の事業会社の場合、マーケティング4P施策を統合するブランドマネジャーという役職がないことが多いと述べましたが、そのために商品企画、広告、営業など機能別組織に権限が分散したまま施策もバラバラになりがちです。これを防ぐには、**大きな組織ほど、部門横断の会議や政治的な根回しを行って、マーケティング4P施策に横串を通すことが必須**です。一部企業では、マーケティング施策検討で最初の起点となる、商品企画の担当者が一連の役割を暗黙の習慣として担い、ブランドマネジャー役不在を穴埋めしている場合もあります。

長期的なブランド育成と、短期的な収益確保のバランス

マーケティング投資の目的は、ブランド資産をつくるブランディングと、短期的に売上を回収する販売促進の2つに大別できます（図表2−6）。当期だけの売上を見るのであれば、後者の販売促進に集中して投資にメリハリをつけることもできます。たとえば小売店側に販売価格を下げるためのリベートを出すなどして〝売上数字を積み上げる〟ことも多少は可能です。

また、ブランディングと販売促進のいずれか一方でなく、同時に両方を狙った施策を打つこともできるでしょう。

一例としてユニクロを考えてみてください。世界的に有名なデザイナーとのコラボ商品の展開、有名タレントやモデルを起用したテレビCMや、店頭で配布するオシャレな海外ファッション誌顔負けのコンセプトブックは「ユニクロを着たらかっこよく見える、高額品ではないが恥ずかしくない」というブランドイメージを刷り込むためのブランディング施策です。一方、新聞折込チラシやメールニュースやスマホアプリ

図表2-6　ブランディングと販売促進の違い

	ブランディング施策	**販売促進施策**
目的	ターゲット層に、**自社ブランドの認知および優れた価値の知覚認識**をうえつけ、ブランドへの期待を高める	ターゲット層に、**購買取引の意思決定を促す**
アプローチ	商品・サービス、広告・PR～コミュニケーション、店頭など、すべての顧客体験で伝達	限定性、特典、割引など、すぐに取引決定するメリットを伝達
投資回収	**間接的かつ長期的**	**直接的かつ短期的**

内で訴求するメッセージは「今週末限定、ヒートテックが割引価格！」「ECでの送料無料！」など、直近の売上を積み増そうと顧客を動かすための販売促進施策です。

これらの施策の関係は、ブランドから想起するイメージが良くなるほど、販売促進施策に触れたときのコンバージョン（顧客転換率）が高まるというロジックで、投資の合理性について説明がつきます。つまり、次のAさん・Bさん・Cさんの3人では、同じ販売促進施策に触れたときに商品を買う確率＝コンバージョンが変わるのです。

- ユニクロを知らないAさん
- ユニクロを知っているだけで良いイメージのないBさん
- ユニクロを知っていて良いイメージを感じている

Cさん
これらのブランド評価やコンバージョンを定量的に把握すれば、たとえば「ユニクロに良いイメージを抱くCさんみたいな人を、あと15％増やせば、売上も6％増えるのではないか。そのために必要な追加投資は〇〇億円程度か」という試算を考えられるようになります。もちろん、実際の変数はより複雑ですし、予測の精度を高めるには試行錯誤が必要ですが、基本的な考え方を理解いただけるでしょうか。

そもそも売上や投資予算の小さなブランドでは、ブランディングだけに特化したコミュニケーション投資予算は立てにくいものです。しかし、**売上規模がある閾値を超えてくると、ブランドの認知や良いイメージがないと、売上拡大が急に行き詰まり、顧客獲得の効率も悪化**し始めます。通販化粧品の業界では、この壁が売上30億〜40億円くらいで現れ、顧客獲得コストが跳ね上がり、売上成長が停滞するブランドが増えます。

業界によって、このような壁が訪れる売上規模は異なります。しかし、その壁にぶつかる前に、しっかりとブランド戦略を検討し、できるものから投資して地ならしをしておくのも重要な取り組みです。コミュニケーション施策に限らず、これらの長期・

短期の視点でバランスよく投資するのは、長期的な事業収支に責任をもつブランドマネジャーの重要な役割です。

マーケティングを俯瞰した視座の情報インプットを増やす

ステージ4で強化すべきインプットは、ブランド戦略とマーケティング施策を俯瞰し、統合するために役立つ書籍です。こうした書籍は少ないので、代表的なものにはすべて目を通しておきましょう。また、自分が経験してこなかった施策領域は、各種専門書にも目を通しておきましょう。

外注として**各領域の専門家の手を借りるにも、最低限の知識は不可欠**です。特に、広告、デジタル、ＰＲの基礎知識を知っておくことで、的はずれな失策を回避しやすくなります。

このようなマーケティングの全体感を理解すると、専門領域の仕事の成果も高まります。たとえば、商品企画の場合、商品のコンセプトワークや技術的な仕様にだけ精通すればよいわけではありません。広告宣伝や販売促進プロモーションで際立つためには、商品にどのような要素を盛り込めば良い広告コンセプトにつながるのか。また、販売店のバイヤーに売り込み、良い棚を確保するには、どのような切り口の商品コンセプトがよいか。それらの周辺領域をよく知れば、最初から自分の商品企画に反映し、広告や店頭販促の効果やブランドとしての一貫性も高まります。

ドラッグストアやコンビニエンスストアのように、棚スペースの奪い合いがシビアな小売り業態を考えてみましょう。自社で確保できる棚のカテゴリやスペース取りは、自社のブランド力だけでなく、小売り側のバイヤーの意向やリベート施策の有無などに左右されます。その実態や自社の置かれた立場を知らないままに商品企画を立てると、自社では確保できないような大きなブランド棚を前提にした商品企画になってしまうようなミスも起こります。

また、大きな広告費をかけられるからこそ市場で勝てる商品コンセプトと、広告費が少なくてもニッチな棚の中で目立って選ばれやすいような商品コンセプトは大きく異なります。商品企画ひとつをとっても、広告宣伝部の販売促進、棚の情報をもつ営業の仕事や最新状況を理解していなければ、良い仕事はできません。

このステージ4でおすすめしたいのが、**大御所の書いたマーケティングの古典書の読み直し**です。ステージ1〜2の頃にはわからなかった基本概念の深さに触発され、自身の頭の整理につながるでしょう。また、ブランド戦略とマーケティング施策を統合する考え方と、実務的な進め方に関しては、手前味噌ですが拙著『プラットフォーム ブランディング』（共著）がおすすめです。

【推奨書籍】

- 『プラットフォーム ブランディング』（川上慎市郎、山口義宏著、ソフトバンククリエイティブ）
- 『ブランド論――無形の差別化をつくる20の基本原則』（デービッド・アーカー著、ダイヤモンド社）
- 『ドン・シュルツの統合マーケティング』（ドン・シュルツ、ハイジ・シュルツ著、ダイヤモンド社）
- 『ブランド価値を高める コンタクト・ポイント戦略』（スコット M・デイビス、マイケル・ダン著、ダイヤモンド社）
- 『競争戦略論〈1〉〜〈2〉』（マイケル・E・ポーター著、ダイヤモンド社）
- 『ダークサイド・スキル――本当に戦えるリーダーになる7つの裏技』（木村尚敬著、日本経済新聞出版社）

キャリアステージ5：ブランド・マーケティング全体の責任者（CMO）

経営全体に最適な判断をする

ステージ5からは、経営層のひとりとなり、求められる視野とスキルが大きく変わります。事業会社であれば、**すべてのブランドのマーケティング施策投資と成果に責任をもつCMO**（チーフ・マーケティング・オフィサー）という役割名称です。

ただ、このCMOもステージ4のブランドマネジャーと同様に、**国内の多くの事業会社では、専任の責任者を置いていないケースが多い**のが実態です。経営層の誰かが暗黙知として担っていたり、マーケティング部署と経営企画部署の複数の人で折衝しながら分担して担っていることが多いようです。また、社内に商品・サービスのブランド数が少なく、ひとつしかブランドがないような企業であれば、複数のブランドを束ねて投資を最適化する仕事がもとより存在しない場合もあります。

支援会社でいえば、CMOを支援できる企業は、ステージ4相当の業務を請け負う企業よりもさらに少なくなります。つまり、ステージ4～5が担う役割を社外に求められる機会は少ないため、支援会社ではリアリティのある経験が得られる会社はひと

【めざす水準】

- マーケティング投資ＲＯＩ最大化のために、複数の商品・サービスブランドへの投資の傾斜配分を最適化できる

【必要な知識・スキル】

- マーケティング全体を最適化するための、投資計画の立案〜効果検証〜軌道修正のＰＤＣＡサイクル構築
- 上記を支えるファイナンス、業務プロセスの知識
- マーケティングスタッフの育成計画立案〜推進
- マーケティングの計画と成果に関する経営層へのロジカルな説明プレゼン力

【重点的にインプットすべき情報】

- 複数のブランド〜事業の投資ポートフォリオ最適化のための専門書
- ファイナンス、組織設計〜育成の専門書
- 経営視点から各種戦略の知見が整理されたビジネス専門メディア

握りです。

必要となる知識・スキルを分解すると、個々のマーケティング施策に対する専門的判断は、各担当者をフォローできる程度には必要ですが、これはステージ3〜4の延長線上にあるものです。**ステージ5で新たに身につけるべきスキルは、マーケティング投資の成果を最大化するため、トレードオフを伴う複雑性の高い判断**です。具体的には、「ブランドAへの投資を増やし、ブランドBの投資を絞る」または、「ブランドCをやめて、新しいブランドDを立ち上げる」といった取捨選択を迫られる判断です。

このステージで**留意すべきは、「ステージ3〜4の成功体験を引きずらない」こと**です。ステージ5に引き上げられた人の多くは、ステージ3〜4で個別のブランドや施策を成功させた経験のある人です。しかし、その実務での成功体験をうまく手放せないと、CMOとしての成功は遠のきます。

特に注意すべきは、特定の顧客層への理解度やクリエイティブのセンスの良さで大きな成功を収めた人です。特定の世代や価値観層のインサイト（本音）を深く理解するスキルに長けていて、それに基づく施策のセンスが良いなど、「若者の理解には自信がある」「自分が良い！と思うものを追求すれば、成功してきた」という自負があるタイプは危険です。

CMOの仕事は、みずから道具をもって市場を耕すことではありません。部下に適切な道具をもたせ、道具の使い方を教え、部下が市場を耕して成果を出せるようにすることです。「部下が、より良い成果に素早くたどり着くための支援と仕組みづくり」こそが仕事です。

プロスポーツの世界で「名選手は、必ずしも名監督にあらず」という格言があるように、「マーケターとして有能であること」と「マーケティングのマネジメントが有能であること」には大きな隔たりがあります。この点については任命する経営者側の理解も不足していることが多く、両者の要件の違いが見えていないために多くの企業でミスマッチが生まれています。

組織内の調整で苦労するブランド全体のポートフォリオ最適化

CMOに求められる重要な仕事のひとつに、複数ブランドのポートフォリオ最適化があります。売上・収益を最大化するために、商品・サービスのブランドごとに**顧客ターゲット層や提供価値などのポジショニングが重複しないように棲み分け、投資すべきブランドや施策にメリハリをつけていきます**（図表2－7）。それらが意図通りに、顧客層の食い合いを起こさずに買われているか、計画通りの売上・収益をもたらして

図表2-7　ブランド・ポートフォリオの分析軸

ブランド・ポートフォリオのプロット例

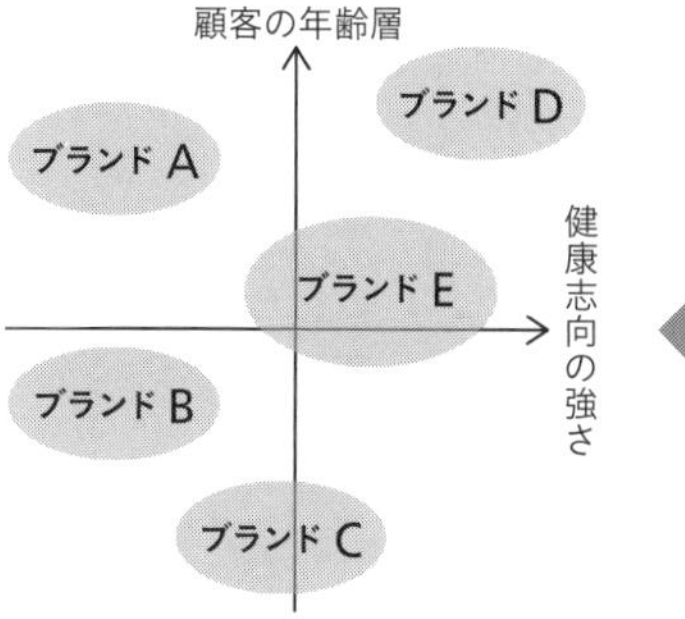

商品・サービスの特性や、分析の目的によって軸を使い分ける。また、競合もプロットすることで競争環境も見えてくる。

ポートフォリオを分ける軸の例

顧客特性
・男女・年代・所得・ライフステージ
・ニーズの違い
・気持の違い（前向き／不安解消…）

生活シーン特性
・朝／昼／夜
・平日／休日
・仕事／プライベート
・ひとり／友人／恋人／家族

商品・サービス特性
・カテゴリの違い
・価格帯の違い
・サイズ・容量の違い
・機能特性の違い
・デザインの違い

いるかを計測・評価します。評価に基づいてブランドやマーケティング施策の投資を傾斜配分し、うまくいかないブランドは再投資するか、廃止・売却するなど、常に軌道修正を繰り返します。このブランド全体のポートフォリオ最適化は、特に複数の商品・サービスブランドをもつ次のような企業では欠かせないスキルです。

- ルイ・ヴィトン、フェンディ、セリーヌなどのラグジュアリーブランドを多数抱えるLVMHグループ
- マキアージュ、クレ・ド・ポー ボーテ、エリクシールなどの化粧品ブランドを多数抱える資生堂
- クラウン、プリウス、ヴィッツ、86、レクサスなどの自動車ブランドを多数抱え

るトヨタ自動車

- パンパース、パンテーン、SK-Ⅱ、BRAUNなどのカテゴリの異なるブランドを多数抱えるP&G
- ジョージア、ファンタ、爽健美茶、アクエリアス、コカ・コーラなどの飲料ブランドを多数抱える日本コカ・コーラ
- たまごクラブ、こどもちゃれんじ、進研ゼミ、ベルリッツなどのターゲット顧客やサービスカテゴリの異なるブランドを多数抱えるベネッセグループ

各商品・サービスのブランドは、競合との戦いに変化適応することで、日々ポジショニングが変化していきます。すると、意図せず自社内でポジショニングが重複したブランドも出てきます。**重複したポジショニングの調整は、言葉にすれば簡単ですが、実際は複雑で繊細**なものです。

たとえば化粧品でいえば、ターゲットとする世代や性別は「20代女性」と同じでも、求めるスキンケアの機能性の違い（「保湿」「美白」など）や、メイクアップの仕上がりイメージで棲み分けているというケースもあります。

また、飲料のように、同じ属性の顧客に買われていても、朝は缶コーヒー、仕事中はさっぱりしたお茶、寝る前は水分補給にスポーツ飲料というように、利用シーンで

棲み分けていることもあります。つまり、この棲み分けの軸の定義そのものが、多様かつクリエイティブで、市場・顧客に対して提案性のあるものなのです。

しかし、そのような意図をもって仕掛けても、顧客に違いが伝わらず、単に自社内ブランド同士で顧客を食い合う場合もあります。また、ブランド数や商品数が増えるほど投資額は分散するため、一見、市場の幅広いニーズに対応して売上が増えそうに見えて、全体の売上は縮小してしまうこともあります。

これらのブランド・ポートフォリオの改善においては、これ以上の投資効果が少ないとみなしたブランドの廃止・売却も検討されます。このようなシビアな判断は、社内で大きな摩擦を生みます。**当事者たちの反対も出やすく、社内政治を伴う利害調整が必要**となります。「あなたが担当するブランドをやめます」「あなたが担当するブランドの来年の投資を絞ります」といったメッセージを受け取ったブランドの担当者が反発しないわけがありません。

彼らに対し、全体最適として必要な経営判断であることを示す相応の論理と、論拠となるデータの提示は最低限必要です。さらに、社内で恨まれずに協力関係を維持するだけのヒューマンスキルや、時には論理を超えた人としての迫力のようなものも求められます。余談ですが、機能しているCMOには、コワモテで迫力ある人が多いのですが、これは社内政治を突破するうえで大事な要素かもしれません。

ＣＭＯはハードな仕事ですが、企業の成長には欠かせない役割です。日本の事業会社の場合、創業者が去ったあとは部門ごとにタコツボ化し、利害調整の難しい組織文化が事業の成長を阻むケースが散見されます。また、マーケティング予算が、事業やブランドごとに既得権益化し、状況に応じた投資の傾斜配分ができない企業も多く見られます。

ＣＭＯという役職の有無はさておき、ＣＭＯが担うべき**マーケティング投資を全体最適化する機能がないことで、業績が低迷している企業は多い**と私は感じます。同じ投資予算総額でも、投資の適切な配分を実現している企業とそうでない企業では、わずか数年でも業績の差が大きく広がります。

業務の設計と、長期的な人材育成

ＣＭＯのゴールは、みずから全体最適の意思決定をしつつ、部下には自律的に各ブランドのマーケティング施策を展開させ、個別ブランドの業績を最大化できる状態をつくることです。そのためにも**部下であるスタッフたちの計画的な育成プランを作成し、これに投資することが長期的な成功のカギ**になります。

大企業では、人材育成の予算や計画は、人事部が担うことが一般的でしょう。しかし、**マーケティングに関しては、専門スキルが細分化されているため、業態や事業ステージに合った教育手法が、人事部から見えていない**のが通常です。このため、多くの企業においてマーケティング関連の育成計画が存在しないか、あったとしても一般論の細切れ研修の外部委託にとどまり、成果を生み出している例はごくわずかなのが実状です。社内のマーケティング能力育成を計画し、推進にコミットするのはＣＭＯの大切な役割です。

また、マーケティング組織のリーダーの重要なもうひとつの役割として、マーケティング組織の**スタッフを鼓舞するようなビジョンの提示と、日々のフォローも重要な仕事**です。マーケティングというのは、客観的な正解がないなかで模索するストレスのかかる業務です。このため、**スタッフは上司から理解されているのか、実際に成功するのか、と常に不安**を抱えています。このため、時には実務判断のディレクション支援だけでなく、組織全体の士気を高めるような取り組みも求められます。

ある巨大グローバル企業のＣＭＯは社内イベントが開催されると、常にマーケティングの役割を周知し、進捗を共有していました。それだけでなく、国や担当領域を超えて相談しあえる関係を築くために、あえてカジュアルな寸劇を披露して笑いをとっていました。もちろん個々人のキャラクターによって、やり方は違ってもいいのです。ただし、**部下をリラックスさせ、メンバーが積極的にアイデアを出し、知恵が創発される組織文化の形成も、ＣＭＯの重要な仕事のひとつ**と理解しましょう。ＣＭＯには、マーケティング組織の開発・育成という、組織マネジメントのスキルが求められます。

マーケティングスタッフの能力を開発する2つの要点

スタッフ育成を成功させる要点のひとつ目は、**経営トップがマーケティング能力開発に強くコミットする**ことです。経営層がマーケティング職について、技術職のような専門性の高いハイキャリアであると明言し、能力開発にも投資し続けることが必要です。私が見るところ、この胆力が圧倒的に欠けている会社が非常に多いです。

要点の2つ目は、企業ごとに**〝マーケティングの業務と役割〟を定義する**ことです。社内で「マーケティング」と定義づけた業務の内容とプロセスとは何か、を示す必要があります。それをもとに必要なスキルと組織能力の開発プロセスも決めないと、社内は宣言されたまま何を進めればよいのかわからず混乱します。実際、経営層が社内外に「マーケティング力を強化する！」と宣言しながら何も着手できない企業が大半です。そもそも自社なりのマーケティング業務とプロセスが定義されなければ、強化のしようもありません。

この2つの要点に共通するのは、**単年度のプロジェクトでなく、継続的に経営トップがコミットし続ける**必要がある点です。この認識や対策の弱さが、日本企業のマーケティングが弱いまま改善しない根本原因ともいえます。


ここまでCMOのあるべき業務を述べてきました。実際には、**CMOがいなくても、なにかしら補完するサブシステムがあり、機能している会社もあります**。たとえば1ブランドしかない企業であれば、ブランドのポートフォリオに悩む必要はありません。オーナー家が経営者を務める企業では、トレードオフの伴う意思決定はオーナーに集約することで社内調整はかなり軽減されています。

オーナー家がCMOの役割を担っているのは、一見すると前近代的なガバナンスにみえるかもしれません。しかし、投資の傾斜配分など、事業やブランド間で利害対立の多いテーマでは、**オーナーが大岡裁きをするのは社内調整コストの節約となり大きなメリット**といえます。もしあなたがCMOを担う機会を得たら、あるべき理想論は理解したうえで、各社の実状に合った、でも着実にレベルアップできるようなマーケティング・マネジメントにトライしてみてください。

マーケティングの周辺領域を学び応用する

ＣＭＯの業務を網羅し、深く解説するような専門書はごくわずかです。そもそも書籍のネタとなる戦略レベルの情報や業務プロセス情報は、極めて秘匿性が高く公表もされません。マーケティング施策の世界と違って、成功事例があったとしても、その取り組みの内容が表に出ることはほとんどないためです。

そのため、たとえばマーケティングのＲＯＩを学ぶには、ファイナンス関連の専門書や、消費者調査の読み解きに欠かせない統計分析の専門書などを押さえ、自分なりに自社のマーケティング業務に即して活用する創意工夫が求められます。

以下、ＣＭＯの業務に活かす視点で、ブランドやマーケティングの戦略論以外で、押さえるべき専門情報を解説します。

■ファイナンスの知識：マーケティング予算は、企業の財務面からいえば投資そのものので、短期〜長期で売上に転化し、回収することを意図しています。たとえば、消費者向けにゼロから新しいブランドを立ち上げ、すぐに大きな市場シェアを獲得するなら、初年度は大きなマス広告予算を使った投資をしなければいけないかもしれません。そこで使った投資は、単年度で回収する効果も期待できますが、同時にそこで得られたブランドへの認知や理解は、翌期以降のビジネスにも貢献します。

CMOは、**投資をどのぐらいの期間で回収する計画なのか、単年度と中期的な財務会計へのインパクトはどのようなものになるのかは理解しておかなければいけません**。少なくとも財務諸表が読めて、周囲の経営層と「マーケティングに関する投資が、ファイナンス的な視点からどのような意味をもち、どのような成果が期待できるか」を議論できる力が必須です。

■統計分析の知識：大組織のCMOであれば、みずから分析ソフトを操って実務にあたる機会はないでしょう。ただ、部下や調査会社から提示された調査分析結果や数字を、どの程度信じていいのか、数字のレトリックによってミスリードされていないか、どのようなKPIなら社内で共有化できるかについて、自身で考えて判断する必要があります。

そのためには、**統計分析の知識を最低限は押さえておくと便利**です。数字だけですべて判断するわけではありませんが、数字は社内の認識を共有化するための便利なツールです。数字による検証の積み重ねが、主観や直感をより正しいものへと軌道修正してくれます。また、定量的な施策の評価が根づくと、部下が自律的に改善する動きが加速し、部下の成長を促す仕掛けにもなります。

「数字による検証が強くなると、クリエイティビティが否定される」という懸念をよく聞きますが、それは数字が悪いのではなく、数字の活用の仕方が悪いだけです。たとえば、ソフトバンクを見てください。何事も施策の成果を定量的に検証する組織文化が根づいていますが、広告コミュニケーションのクリエイティビティも見事に両立しています。

■デジタルマーケティングの知識：最新動向の情報を押さえたうえで、自社で活用できる範囲と時間軸を見極めます。業態によっては、デジタルを活用することで、業務の生産性、顧客獲得〜維持のコスト、成果が大きく変わります。

ただし、成功事例めいた施策のなかには、よくよく内情を聞くと、業界誌を賑わせただけで投資回収には至らず、社内では評価されていないものも多々あります。メディア報道に惑わされず、**他社の取り組みで注目施策があれば、その担当者に可能な限りアクセスし、一次情報を聞いたうえで判断すべき**でしょう。一次情報からは、メディアには出てこないリスクなどの生々しい話が得られることもあります。

■組織および業務設計プロセスの知識：マーケティング組織や業務を設計するために、最低限の基礎を学びましょう。マーケティングの業務は、商品企画、広告、PR・広報、調査、ブランド戦略など、機能別の部門に分かれて担うことが多いですが、4P施策全体の整合性を図るためのサブシステムは、各社によって思想と取り組みが異なります。

そのほかでおすすめなのは『DIAMOND ハーバード・ビジネス・レビュー』のような経営層向けメディアからのインプットです。さまざまなマーケティング戦略や施策を経営目線で取り上げているため、CMOにとって有用な示唆が得られます。このように、同じようなテーマを取り上げるとしても、各メディアのターゲット顧客によって内容はおのずと変わるため、得られる学びは異なります。このステージでは、経営目線で切り取られた情報を増やしていきましょう。

【推奨書籍】

- 『確率思考の戦略論――USJでも実証された数学マーケティングの力』（森岡毅、今西聖貴著、KADOKAWA）
- 『CMOマーケティング最高責任者――グローバル市場に挑む戦略リーダーの役割』

（神岡太郎、ベリングポイント戦略グループ著、ダイヤモンド社）

●『本当のブランド理念について語ろう――「志の高さ」を成長に変えた世界のトップ企業50』（ジム・ステンゲル著、CCCメディアハウス）

●『デジタル変革マーケティング』（横山隆治、内田康雄著、日本経済新聞出版社）

●『マーケティングとは「組織革命」である。個人も会社も劇的に成長する森岡メソッド』（森岡毅著、日経BP社）

キャリアステージ6：マーケティングに強い経営者（CEO）マーケティングの効用と限界を知る

ステージ6に該当する**「マーケティングに強い経営者」は、そもそも日本では極めて少ない**のが実状です。背景には、マーケティングが経営にとって重要度の高いコアスキルとして企業内で考えられてこなかったことがあります。また、現在の経営層が現場で戦っていた時代は、日本企業に技術の優位性があり、マーケティング・スキルの重要度は相対的に低かった影響もあるでしょう。

しかし昨今、企業経営においてマーケティングを強化する重要性が高まっている一

【めざす水準】

- 顧客・社員・株主の満足度と業績向上がつながった好循環サイクルの実現

【必要な知識・スキル】

- 経営戦略、事業戦略、各種機能別戦略の見極め（マーケティング戦略は機能別戦略の中のひとつにすぎない）
- 事業戦略、人事・組織戦略、財務戦略、技術戦略など、各種機能別戦略とマーケティング戦略を統合し、成果を生みだす
- ＣＭＯ人材の見極めおよび育成（社内育成および社外からの採用も含めて判断）

【重点的にインプットすべき情報】

- 経営書籍全般

方で、**マーケティングと経営の双方に精通した人材が極めて少ない**というギャップが生まれています。稀少な例でいえば、2014年4月に資生堂の社長に就任した魚谷雅彦氏は、まさにマーケティングに強いという期待に基づいて選ばれた経営者でしょう。

では、「マーケティングに強い経営者」とは、どのような能力をもつ人でしょうか？経営者のすべきことや能力の全体像を説明するのは主旨ではないため、ここでは「経営者がもつべき視点やスキルで、マーケティングに関わるもの」に絞って3つのポイントを説明します。

ひとつ目は、**経営として重点投資すべき事業や各種戦略の優先順位づけができ、マーケティングもその選択肢のひとつとしてフラットに判断できる**ことです。

マーケティングは極めて重要なテーマではありますが、ほかのテーマに集中し、投資すべきタイミングもあります。それは組織の変革や、事業の買収、事業のパートナーとなる販売店との関係強化など、企業の状況や事業のステージによって、さまざまでしょう。たとえば小売ビジネスであれば、高度なマーケティング戦略を展開する以前に、店舗のQSC（Q：クオリティ、S：サービス、C：クリンリネス）のテコ入れを優先し、そのための店員教育や設備刷新など基礎づくりの投資を先行させるほうがよい場合もあります。

企業の戦略投資は、実行する順番によって大きく成果が変わります。**そのときどきで、企業の成長に必要な「ボウリングの1番ピン」が必ずしもマーケティングとは限らない**のです。マーケティングに強い経営者とは、マーケティングの効用だけでなく限界も熟知し、適切なタイミングでマーケティング投資のスイッチが押せる人です。

2つ目のポイントは、**事業戦略、人事・組織戦略、財務戦略、技術戦略など、各種機能別の戦略とブランド・マーケティング戦略を整合させ成果を最大化する**ことです。

たとえば、マツダの「環境性能と走行性能を両立させたスカイアクティブ テクノロジー」という訴求は、単なるブランドや広告の戦略だけを示すものではありません。その裏側に、画期的な技術を実現した研究開発投資や、ブランド・広告・研究開発・技術の戦略の連携があったからこそ、大きなビジネス成果につながりました。スカイアクティブ テクノロジーと訴求しても、実際の性能が追いつかなければ名前負けして終わります。逆に、画期的な技術を開発しても、それらを実現するための技術要素を一つひとつ細かく伝えるのでなく、スカイアクティブ テクノロジーというひと言でわかりやすい技術ブランドとして訴求していなければ、その価値は市場に十分伝わらなかったでしょう。

また、**ブランド戦略の体系は、組織設計や権限委譲とも密接な関係**にあります。たとえばアップルやBMWのように、すべての商品間に共通のデザインやコンセプトの横串を刺すブランド戦略ならば、それらのコアを企画する上層部に権限を集中させた中央集権的な組織が適しています。

一方、コンセプトやポジショニングのみならず、業種まで異なる商品ブランドを幅広く抱えるP&Gのような企業であれば、権限委譲・分散型の組織が適しています。それぞれの商品ブランドマネジャーが、迅速に市場機会を発見して対応し、その個性とビジネスを伸ばすには、各ユニットの権限で素早く意思決定し実行することが重要なためです。また、商品ブランドの買収や売却によって、ブランドのポートフォリオを入れ替えるならば、資本政策や財務戦略にも関わってきます。

言うまでもなく、企業は複数の機能や人の集合体です。**多くのリソースがひとつの方向性で整合して動かなければ、リソースの絶対量を増やしても成果は出ません。**マーケティング戦略は、それを実現するために、組織風土、人材スキル、財務、技術など、多くの機能別戦略を整合させなければいけません。マーケティングに弱い経営者は、この整合性を無視したばらばらの機能戦略を展開してしまい、投資をしても成果が出ない状態に陥ってしまいます。

3つ目のポイントは、**CMO人材の見極めおよび育成**です。CMOに適した人材がいれば、社内で育成します。残念ながら社内で候補者が見当たらない場合や、社内の育成能力が不足している場合は、社外からの採用も視野に入れて判断します。経営者の**右腕となるCMO人材を確保できるかどうかは、経営者が全体を俯瞰した経営に専念できるかどうかの分かれ道**となり、企業のパフォーマンスに大きく影響します。

もちろんアップルにおける故スティーブ・ジョブズのように、経営者自身がマーケティングにみずからコミットし、CMO的な存在として意思決定する会社も存在します。ただ、そのようなガバナンスが成立するには、経営者自身の持ち株比率が高く、オーナーとして長期政権を担えることが条件となります。そしてトップ自身のこだわりがマーケティング施策の隅々まで目が届くぐらい、商品ラインナップ数が少ない企業に限られるでしょう。

マーケティングは、巨額の予算が動く割に、その費用対効果が不透明で検証されないままのことが多い世界です。CMO機能が脆弱だと経営者は多くのストレスを抱え、実際に経営判断のクオリティも著しく低下します。自社にとって必要なCMOの役割と人材の要件定義を明確にし、それに適した人材を採用し育成することは極めて重要なミッションです。

経営者とマーケティングの関わりを書いた専門書は存在しない⁉

ここまで述べたマーケティングに強い経営者が押さえるべき3つのポイントに関して、直接的に掘り下げ、体系的に解説した本は、私が知る限り残念ながら見当たりません。

経営者である以上、マーケティング以外のさまざまな領域の知識をインプットし続けることは重要です。しかし、経営者に本当に求められるコアな付加価値は、専門知識よりも、限られたリソースをやりくりして最大の成果を生み出すことにあり、究極の結果責任が問われるステージです。

これさえインプットすれば経営能力が上がり成果が出る――そんな魔法のような処方箋は、残念ながら見たことがありません。

コラム

マーケターの必須科目、ブランド戦略の重要性

マーケティングのキャリアと切っても切り離せないのが〝ブランド戦略〟に対する理解度です。マーケティング業界の中には、ブランド戦略のことを「マス広告で印象

づける「イメージ戦略」として、4Pのプロモーション施策、部門としては広告宣伝部やブランド戦略部に限定的な仕事と捉えている人もいますが大きな誤りです。

広告代理店、ウェブ制作会社、アプリ制作会社、デザイン会社……皆それぞれの立場で、みずからの領域こそがブランディング施策のカギであると主張し、自社のソリューションに引き込もうとポジショントークを展開します。しかし、ひとつの施策だけでブランドができることはありません。

そもそもブランドを正しい定義で理解し、業務に落とし込めている人は、実はマーケティング業界にも多くありません。「ブランドとは何か？」と問いかけると必ず出てくる「ロゴ」「イメージ」「高級品」……どれも不正解とは言い切れませんが、ブランドの全体像を正しく表してはいません。

ブランドとは、生活者の頭の中で、ロゴのような外観、音声などで構成される「識別記号」と、そこから想起されるイメージとなる「知覚価値」が結びついて成立する包括概念です（図表2－8）。

「コカ・コーラ」における識別記号と知覚価値について、考えてみましょう。

図表2-8　ブランドの定義

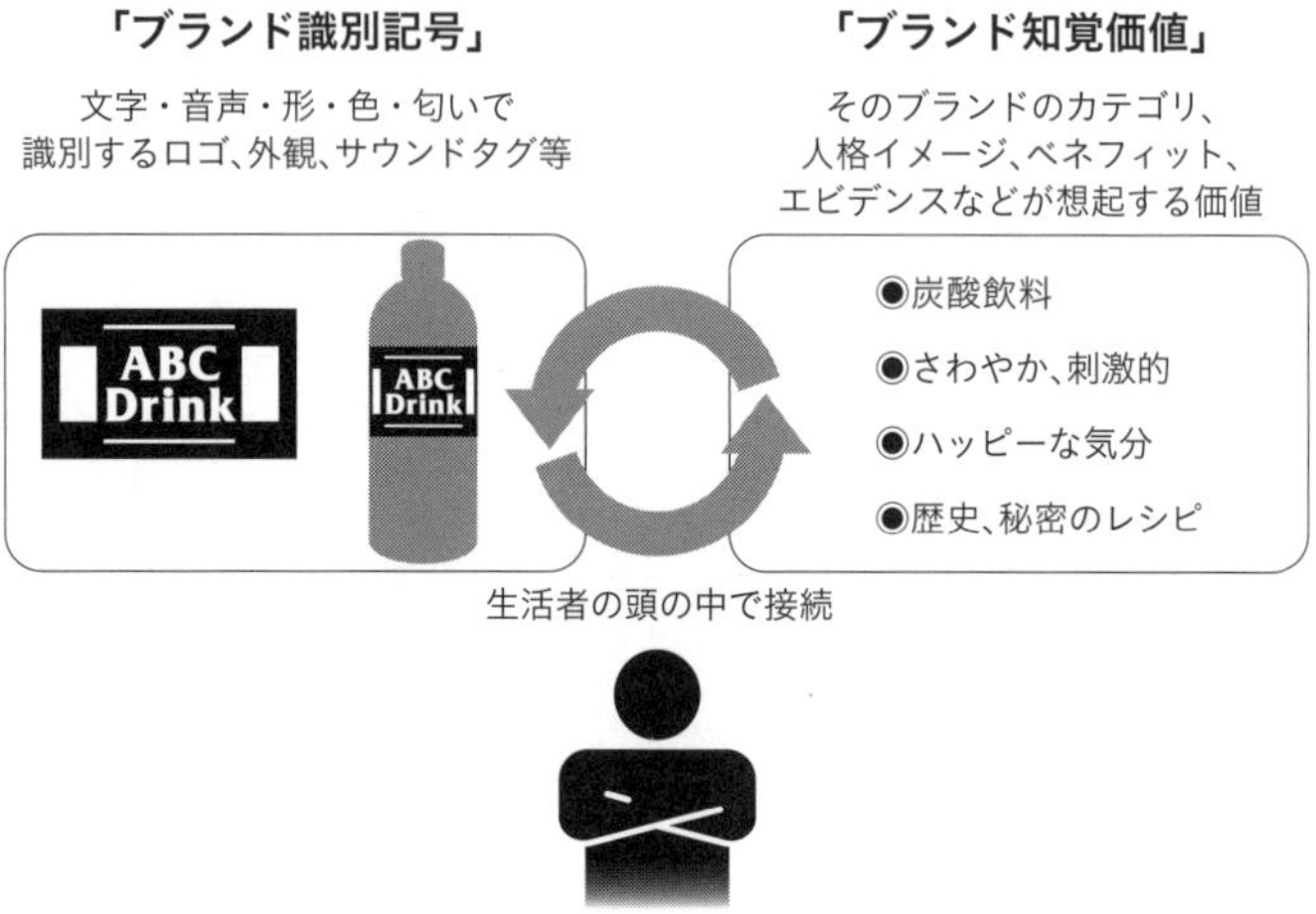

人々の多くはコカ・コーラのロゴやボトルの形状、液体の色などを見れば「炭酸飲料、刺激、気分転換……」などのイメージを想起します。そしてコアなファンになると「気分転換がしたい」という気持ちからコカ・コーラを思い浮かべるかもしれません。知覚価値から識別記号が逆想起されるわけです。この想起ができる人の多さと、想起の内容の豊かさこそ、コカ・コーラのほうがスーパーのPB商品のコーラ飲料より価格が高くても売れる大きな理由です。この知覚価値の内容は「高級」である必要はありません。小売業のドン・キホーテが掲げるメッセージ「驚安の殿堂」も立派な知覚価値です。

ブランド＝高級品に限定されないこと

図表2-9　ブランドが認識されるメカニズム

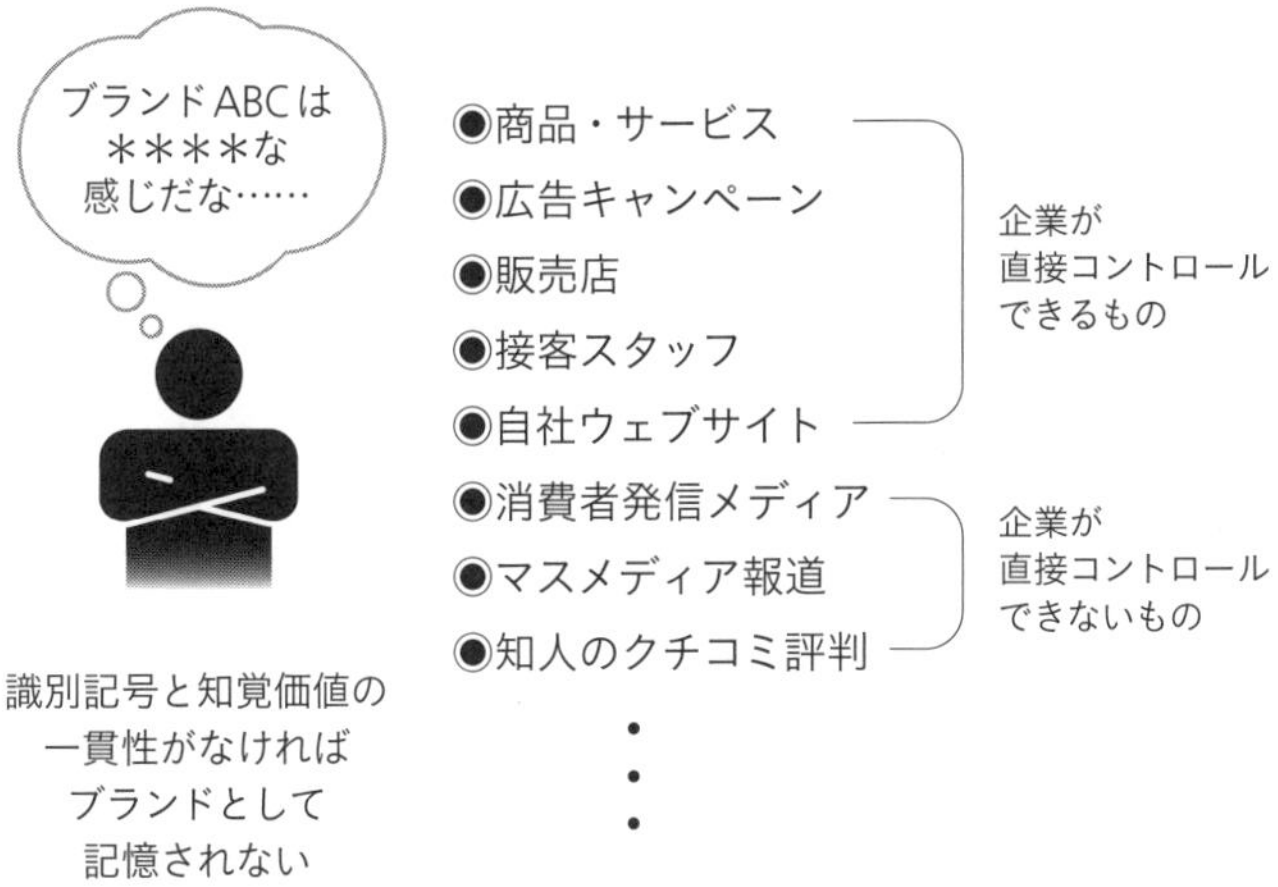

に留意してください。

このブランドの定義を踏まえたうえで説明すると、**ブランディング（ブランドを浸透させる活動）とは、潜在顧客や既存顧客の頭の中に「ブランド識別記号」と「ブランド知覚価値」を記憶させ、想起してもらうための活動**といえます。この活動に前述のマーケティング4P施策が含まれてきます。

では、ブランドは顧客の頭の中でどのようにつくられるのでしょうか？

誤解されがちですが、**ブランドはコミュニケーション施策だけでつくられるわけではありません。**商品・サービス自体はもちろん、それを提供するスタッフの接客対応、ウェブサイトの見映えや使い勝手、第三者からのクチコミ、メディア報道での取り上げられ方など、あらゆる顧客体験の蓄積によってつくられるのです（図表2－9）。

ブランディングと聞くと即、テレビCMなどのマス広告を思い出す人も多く、特にBtoBビジネスや中小企業においては「弊社とは関係のない話」と誤解されがちです。しかし、ブランディングの展開施策はテレビCMに限った話ではありません。

ブランドは、すべての顧客体験の集積によってつくられるため、すべての顧客接点施策で与える印象の一貫性を保つことが重要です。一貫性がなければ、生活者の頭の中にブランドは残りません。

一貫性には**2つの軸――接点軸と時間軸**があります。

接点軸とは、マーケティング4P施策を含めた、顧客とのすべての施策接点です。広告、メディア報道、クチコミ、店頭POP、パッケージなどで得た印象と、実際の購入後の商品の利用体験、アフターサービス体験……これらが一致して、一貫性ある印象になることがひとつ目の軸です。

2つ目の時間軸とは、すべての施策接点の時系列での一貫性です。たとえば広告であれば、夏と冬のシーズンで描写するシーンは季節に合わせて変えてもいいですが、そこで訴える価値は同じであることが大切です。ダイソンの掃除機であれば、毎年新商品を発売し、細かな機能のアップデートをしていますが、もっとも印象に残すメッセージは「吸引力の変わらない、ただひとつの掃除機」という一点に長年一貫されています。シーズンごとに伝える内容が大幅に変化すれば、生活者の頭の中にブランドの価値が記憶されません。

ブランド力が高まれば、結果的にマーケティング施策の効果を高める助けとなり、利益の伴った事業成長にも貢献します。マーケティングの仕事に関わる人は、ブランド戦略のセオリーを最低限学んでおきましょう。

【参考書籍】

ブランド戦略は、私の別の書籍で掘り下げています。よろしければご参照ください。

- 『デジタル時代の基礎知識「ブランディング」「顧客体験」で差がつく時代の新しいルール』（翔泳社）→初心者向けの簡易な解説中心にした入門書の位置づけです。
- 『プラットフォーム ブランディング』（川上慎一郎氏との共著、ソフトバンククリエイティブ）→大企業における複雑なブランド体系の整理や戦略の合意形成の詳細プロセスを記した、中級者以上向けの実務の手引書です。

第2章　まとめ

- マーケティング業界の成長ステージは6段階で考えられる。
ステージ1：見習い
ステージ2：ワーカー
ステージ3：スペシャリスト
ステージ4：ブランドマネジャー
ステージ5：CMO（チーフ・マーケティング・オフィサー）
ステージ6：経営者

- まずは、ステージ3に入ったら特定領域のスペシャリストをめざすのが王道だが、その入り口で評価を停滞させがち。

- ステージ4以降はマネジメントなので、向いていなければスペシャリストを究める道もある。究極のスペシャリトになれれば、高い処遇を得られ、独立の道も開ける。

第 3 章

スペシャリストのキャリアをつくる
アラサーの決断

ステージ3までに実績か独自スキルを磨く

前章で、マーケティング職の6つの成長ステージを紹介しました。本章では、そのうちの初期~中堅に当たるステージ1~3における成長ポイントを具体的に解決していき、続く第4章でステージ4~6について詳述します（図表3－1）。

マーケティング業界でキャリアをつくり、給与を高めていくにあたり、乱暴にいえば、**ステージ1~2の間は、経験とともにスキルを高め、できることが増えていけば、それと連動して評価と給与は少しずつ高まる**のが一般的です。

しかし、**ステージ3からは、「手がけた施策や案件の成果」という物差しで評価される比重が一気に高まります**。ある程度のスキルや知識をもっているのは、当たり前の必要条件といえます。そこから、成果への執着心や、多少の運にも左右されながらも、ビジネスとしての最終成果を出すことが求められます。そして、評価や昇進も、成果との連動性が高まります。

図表3-1　この第3章ではステージ1〜3を解説

第2章　第3章

ステージ	事業会社	支援会社
1 2	(+) 雇用が安定 マーケ施策全体を見渡せる (−) 専門性が身につきづらい	(+) 専門性が身につきやすい (−) 処遇にばらつき
3	(+) 雇用が安定 マーケ施策全体を見渡せる (−) 専門人材の行き場が少ない	(+) 早期に経営を任される 昇格・昇進が早い傾向 (−) コモディティ人材は給与の頭打ちが早い 労働時間が長い
4	(+) マーケ施策全体を見渡せる (−) 専門人材とみなされにくい	担うチャンスは少ない
5 6	(+) 稀少性がありニーズ高い (−) ロールモデルがいない	

第4章

実践編＝第5章

良いキャリアをつくるには、当然ながら優れた学歴・社歴・職歴は基礎的な武器にはなります。しかし、何よりも**効果的なのは、誰もが知っているような成功案件の実績やチャレンジ案件を自分が担ったという実績**です。これに勝るものはありません。

しかし、自分の看板となるような大きな成功やチャレンジの機会すら得られない人が大半です。また、支援会社の場合は、秘密保持契約によって成功案件との関わりを公言できない場合もあります。

それら**名刺となるような実績がない人は、何によって良いキャリアがつくれるのでしょうか？**

その**答えは、〝市場性が高い専門性・スキル〟**です。

端的に言えば「高く買われる専門性をもっているか」です。高く買われるには、「専門性のレベルが高い」「ほかの人と異なる独自の専門性」「供給よりも需要が上回る専門性」という3つ要素が必要です（図表3－2）。すべてを満たせればベストですが、どれかひとつでも内容によっては十分に機能します。

ここで留意すべきポイントは、会社で身につく専門性には、**市場で高く評価されるものと、高く評価されないコモディティ化した専門性が混在している**ことです。つま

図表3-2　良いキャリアをつくるための3大要素

1 経歴	○よく知られ信頼性の高い学歴・社歴 ○専門領域が説明しやすい職歴	・自分を直接知らない人への裏書きとなる要素 ・面接にたどり着くためのスクリーニングで評価される要素
2 市場性が高い専門性・スキル	○ほかの人より専門性のレベルが高い ○ほかの人と異なる独自の専門性をもつ ○供給よりも需要が上回る専門性	・ステージ1～3での転職機会や報酬水準に影響力の高い要素
3 実績	○自分が関わった事業・ブランド・施策の成功実績 ○誰もが知るような大きなチャレンジの経験（結果的に失敗でもOK）	・歳をとるほど求められる要素

り、業界内や社内でコモディティ化したとみられる専門性であれば、習熟度がそれなりに高まっても、差別化されていない、供給が多すぎるなどの理由で、高く買われづらくなります。

コモディティ化した業務の一例を挙げれば、古くはリサーチ業務などの集計、ネット広告であれば出稿における単純なオペレーション業務や成果実績の集計のような複雑性が低い業務です。ただ、一般的にコモディティ化したとみなされている領域でも、何かしらの新しい切り口で、差別化できる可能性はあります。重要なのは、現在、**自分が時間投資して鍛えている専門領域は、「市場において需要と供給の関係性がタイトで、供給過多とならない、差別化される専門性か？」という冷静な視点をも**

っておくことです。

ただ、ステージ1～2であれば権限は少なく、実際に自分の業務をみずから選ぶことは不可能に近く、上司の指示に従って業務を遂行していきます。そのときに、いちいち歩みを止めて「これは市場性のあるスキルが身につく業務なのか」と考えていては、仕事が前に進みません。**ステージ1～2でコントロールできるのは、自分がいる業界や会社まで、です。業務まではコントロールできないと割り切り、目の前の業務を完遂させることに集中する**ことです。また、標準化されたオペレーション業務であっても、現場実務の細部を知ることは、より上位の職種を担った際、現場のリアリティを理解したうえでのより良い判断につながります。つまり、オペレーション的な業務は、長期的に続けることはキャリア構築の視点からは問題をはらみますが、それらを馬鹿にして、最初から避けるのもナンセンスといえます。

しかし、**ステージ3以降になると、話は変わってきます**。どのようなスペシャリストとして、社内外で評価されていくのか。**身につけるべきスキルと経験を描き、それが得られるように周囲に働きかけることを含めて、みずからマネジメント**しましょう。キャリアを高めるような業務がなかったら、それを嘆くのではなく、その機会をつくるのがステージ3の人がもつべき姿勢です。

キャリア構築は、3年をメドに臨機応変に見直す

それでは、マーケティングの特定領域でプロとして、「専門性=無形の知見」が評価されるレベルに到達するには、どのぐらいの年月がかかるものでしょうか。私がこれまで多くの人材の採用と育成に関わってきた実感では、事業会社にしろ支援会社にしろ**一人前になるまで最低でも2～3年はかかる**という印象です。

マーケティングに限りませんが、専門知識の習得・活用には、大きく3つのステップがあります。

1. 専門用語を覚え、説明できる
2. 専門用語・概念の要素間の関係性を理解し、説明できる
3. 専門用語・概念を現実のビジネスにあてはめて整理し、実際に成果を出せる

第1ステップは、書籍やセミナーで得られる知識レベルであれば、数カ月もあればインプットできます。しかし、それを実践に活かして臨機応変に成果につなげられる第3ステップのレベルに高めるには、相当な経験を積む必要があります。マーケティングの世界は**「知識として知っている」**と**「実践して成果を出せる」の間に大きな隔たりがある**ためです。それを軽視して単に知識だけをインプットし続ける知識コレクターになっても、プロフェッショナルとしての評価はついてきません。

成果が出ないけれど、知識とプライドだけ肥大化してしまった人は、第1ステップにとどまって、ひたすら知識を増やそうとしているものです。キャリア開発に必要なのはさらなるインプットの追加ではありません。インプットした専門知識を実践し、実際のビジネスで成果を出すための執着心やチームワークを身につけたほうがよいといえます。

では、マーケティング職のキャリア設計において目標設計の時間軸は、どのくらいに設定すべきでしょうか。一般的に、**前述したステージ5〜6のマーケティングに強い経営のプロやCMOをめざすのであれば、最低10年以上はかかる長期戦**です。しかし、目先の**ステージ3の特定領域施策の専門家やステージ4のブランドマネジャーをめざすのであれば3〜6年程度**がメドになります。ステージ1〜2からステージ3に移行する目標期間は2年が適切でしょう。

教科書的に言えば、キャリア設計は長期的なゴールに基づいて計画的に進めるべきです。ただし、**ステージ5〜6をはっきりとめざす段階にならない限り、長期的な計画を立てることは意味をなさない**のも事実です。ステージ3までのマーケティングの特定領域の施策は、まさしく日進月歩で、特にデジタル領域は次々と新しい考えや方法論が出てきて、陳腐化も速いものです。つまり**ステージ3のスペシャリストを見据えた段階であれば、せいぜい2〜3年程度を上限に計画を立て、変化に合わせて臨機応変に見直す**のが現実的です。

どれだけまじめに努力をして習熟度を高めたスキルであっても、需要より供給が多い商品とみなされると、高い報酬では雇ってもらえません。そんな現実を直視することが大切です。

この手の話をすると「高く売れないスキルや仕事でも、価値があるものはある」という指摘をいただきます。その点は私も同感です。経済的な価値は小さくとも、社会・会社・個人にとって大きな意味あるものは世の中に沢山あります。それらの存在を認めたうえで、**経済的な価値を高めるキャリアを志向するならば、自身やスキルの市場**

性は意識しておくべきと強調しておきます。社会や個人にとっての価値と、経済的な価値は違うと理解しておくことは重要なことです。もちろん重なれば幸運ですが、介護士や保育士のように社会的な意義や価値はあっても年収が高くなりにくい仕事が多いのも世の常です。

事業会社では、知識やスキルは評価対象になりにくい

事業会社の若い人が留意すべきことは、マーケティング専門知識そのものは、どれだけ深めても、**知識だけでは売上にはつながらず、組織において評価されにくい**、という認識をもつことです。

この**「事業として施策投資し、利益回収する」マインドやスキルが欠落したまま、マーケティングの専門知識ばかり増えている人は要注意**です。会社に利益を生み出さないのに「自分はよく勉強している。まわりは勉強不足だ」と偏ったプライドだけが高くなり、〝組織内で扱いにくい人〟に陥るリスクがあります。マーケティングというのは、あるべき理想論と、現実的な社内の意思決定や業務が乖離《かいり》しやすい世界です。

そのギャップの大きさを埋める努力なくして批判勢力にまわっても、社内では評価されません。残念ながら、マーケティング知識をよく勉強したからこそ、社内のレベルの低さが目についていて嘆くだけの社内評論家に陥る人もいます。

特に知識だけだと評価されにくいのが事業会社です。知識そのものがウリとなり重要視される支援会社と大きく異なるポイントです。知識を商品・サービスやコミュニケーションをはじめとしたマーケティング施策に落とし込み、市場競争力を高め、しっかりと収益として回収できてこそ、事業会社では評価が得られます。

所属する組織が大きければ、マーケティング知識や理論そのものを精緻《せいち》に磨き上げることで評価が得られ、それをほかの誰かが活かしてマネタイズする、という役割分担が成立する場合もないことはありません。大手企業の中には、事業会社でも支援会社でも、マーケティングデータ検証やナレッジ開発業務だけに従事する役割の人も存在しますが、極めて稀な例と思っていいでしょう。

もし**マネタイズが不得意であったり関心が薄いという人は、知識や理論をブラッシュアップする研究開発そのものが評価されるアカデミックな組織や、役割としてR&D専門職を求めている大手企業で働くのもひとつの選択肢**です。経済的に処遇の良いポストの絶対数が少ないため、非常に倍率の激しい世界ではあります。しかし、ビジネスとして売上・利益を追求するよりも、真理の探求に興味が寄っている人は検討すべきでしょう。

また、事業会社において「専門スキル」をテコにして社内の評価を高めるには、留意すべきことがあります。それは**「専門スキル」に対して自分が期待するほど、周囲や上層部が正しく理解・評価してくれているか、というギャップの認識**です。

マーケティングの専門スキルは細分化されていますが、理解度が低い人ほど「マーケティングの専門家なら、マーケティングのすべてを円滑に解決してくれる」という過剰な期待を持ちがちです。すると、自身の「専門スキル」が役に立つ範囲と、会社から得られる必要な投資額と、現実的な成果の3要素が、評価する側に正しく理解されていないケースが多く、これが評価時の相互不満トラブルに発展します。「自分は何ができるのか?」だけでなく、同時に「何ができないのか?」を明確にして、成果を出す範囲と達成水準の期待値を丁寧にすり合わせる必要があります。

事業会社には、非常に高度な専門性をもち、**マーケティング専門メディアで高く評価されるような人でも、社内ではそのスキルの水準や稀少性が評価されず、社内外での評価のギャップに悩む**ことが多いようです。そのような人の上司側に聞くと「新しい知識や手法には関心があるが、収益へのコミットメントが低い」「業界イベントやカンファレンスに出かけることが多く、ITやデジタルに詳しいと専門メディアでちやほやされているが、社内で成果を出すことがおろそかになっている」とこぼされるケースもあります。

ビジネスパーソンとして極めて当たり前のことですが、「マーケティングのスキルは、マーケティング施策でビジネス成果を出すツールにすぎない」という評価者側の冷静な目線を心に刻んでおきましょう。**事業会社内で昇進するには、①マーケティング施策で目標を上回る成果を出し、②上司から高い評価を得る――この2点にフォーカスする**ことが大切です。スキルや知識を否定しているのではありません。それを成果につなげなければ、社内での評価は得られないということです。

支援会社で評価されるには、ビジネスモデルを見極めよ

一方、**マーケティング支援会社で評価を得るには、ビジネスモデルの指向を知ることが早道**です。つまり、経営方針として「標準化された業務・商品・サービス」を強く指向しているのか、「属人化された尖ったナレッジを活かす」方向を指向しているのか、この見極めが重要です。

まず標準化を指向する企業では、個人の差別化されたスキル開発が評価につながりにくい環境です。そもそもサービスや業務の品質のばらつきを減らすために**標準化を指向している経営方針の中で、「差別化された専門スキル」を属人的に発揮しているだけでは厄介者扱いされかねません**。自分にしかない専門ノウハウは一匹狼として価値を発揮するのではなく、標準化して業務・商品・サービスに落とし込んだり、社内教育でノウハウ移転したりして、ほかのメンバーも同じように価値提供できる仕組みに昇華させ、会社の売上拡大に貢献する。そこで初めて、経営陣から価値として認められるようになります（図表3－3）。

図表3-3　社内評価のポイント

事業会社の評価傾向	○担当するブランドや施策のビジネス的な成果実績（売上・利益）を評価	・専門知識の深さは直接的な評価対象になりにくい ・自分の担当施策の成果が悪くても、ブランドの業績が良ければ下駄をはかされ恩恵を受けることも
標準化指向の支援会社の評価傾向	○標準化された再現性ある商品・サービスの仕組みづくりをした人を評価 ○標準化された商品・サービスの拡販オペレーションで実績を上げた人を評価	・属人的な知識は評価されにくい ・知識が低くても、拡販オペレーションをうまくまわして評価される人も多い
職人芸指向の支援会社の評価傾向	○属人的であっても専門性やスキルの深さ・新規性を評価	・生半可なコモディティ化された専門性では評価されにくい ・知識をひとりで抱え込み周囲とシェアしないでいると、プレーヤーどまり

素晴らしい専門性をもつ人でも、この違いが理解できない、あるいは理解していても差別化されたスキルをみずから社内で共有し、コモディティ化させることに抵抗のある人は、社内評価に強い葛藤を抱えやすくなります。このような**標準化指向の企業で評価を高めるには「差別化された専門性」を個人の武器にするのではなく、組織全体の武器に転化させる**取り組みが必要です。

この目線に立てば、差別化された専門性を必ずしも自分ですべてもっている必要はありません。社内の他メンバーや外部の有識者から必要なスキルを調達して、その新しいノウハウを活かした商品・サービスによって収益を伸ばし、高い評価を得る方法もあります。専門性を出し惜しみして社内で共有しない人は、支援会社においても、いずれ立場を失っていきます。その罠にはまらないようにしましょう。

標準化指向の企業に入って、短期間で昇格・昇給をしたいならば、**その会社や事業がどのようなステージにあるかの見極めが重要**です。創業から間もない事業であれば、商品・サービスは標準化されていないケースが多いため、それらを標準化したり、事業として拡大する事業開発的な役割を担うチャンスは増えます。また、仮に商品だけ標準化されていても、それらの販売やアフターサービスを仕組み化して組織をつくる機会は残されています。それらの経験は「すでにできあがった仕組みのなかで業務をまわす」より苦労を伴いますが、大きな成長機会となり、あとで自分を高く売れる経験ともなります。

採用側から見て「事業の仕組みをつくった人」と「できあがった仕組みをまわした人」とでは、大きく値づけが変わります。標準化指向の会社でキャリアを高めるには、事業の仕組みをつくる経験をする、もしくは、できあがった仕組みをまわしたけど、圧倒的に量的な拡大を実現した、という実績をつくることが大切です。

事業の仕組みをつくる経験という視点でみると、企業の知名度や規模の大きさが有利とは限りません。基本的に、**企業規模が大きいほど、すでに仕組みができあがっているもの**です。もちろん、仕組みができあがったように見える大企業でも、新規事業や子会社では、ゼロから事業や仕組みをつくることに関われる機会もあり、企業規模だけで一概に判断できるわけではありません。

次に、後者の「属人化した尖ったナレッジ」を重んじる職人芸指向の企業でキャリア開発するポイントについて考えていきましょう。

個人のスキルがキャリアや報酬を高めることにつながりやすい企業の代表例は、コンサルティング会社、デザイン会社、広告会社でしょう。人に紐づいた専門ノウハウや暗黙知が、顧客に対する価値や競争力となって、取引の獲得や維持、そして取引単価と利益率に影響してきます。クライアントの発注理由が、特定の人の専門スキルにあるならば、その人を失うことは、顧客＝売上を失うことを意味します。もちろん、コンサルティングやデザイン分野であっても、ナレッジの標準化を指向する会社もあるため、業種だけで規定されるものではありません。

個人の専門スキルに顧客のロイヤルティがつく業態は、経営陣もスキルへの値づけがしやすくなります。また多くの場合、パソコンさえあればサービスを提供できて大きな設備投資も不要なため、転職や独立する人も多い傾向があります。そのため経営側に人材流出のプレッシャーも強く、専門スキルの高さが、会社からの評価や給与上昇につながりやすい力学をもちます。

「差別化された専門スキル」を自己評価する際に迷うのは、標準化された商品・サービスに、個人の分析や見解を加味して納品している会社です。

たとえば支援会社の中には、「コンサルティング会社」と名乗っていても、何かしら標準化されたＩＴシステムサービスに、属人的な見解を付加価値として提供している場合もあります。調査会社であれば、調査の業務フローや調査システムや調査パネルは会社の仕組みとして標準化されている一方、調査の設計力や分析から導き出すメッセージは、非常に属人的でアナログな側面もあります。また広告代理店も、クリエイティブの企画アイデアや制作力は属人的ですが、そこで提供される広告枠そのものは標準化された商品といえます。

クライアントとなる事業会社側の担当者が「この人は、あうんの呼吸で自分のニーズをわかってくれて、気が利いて、信頼できる」と思えば、相対する営業や納品の担当者にロイヤルティを感じるものです。とはいえ、いざ**担当者が転職したからといって、そのままクライアント側も一緒に取引先を切り替えてくれるとは限りません。**なぜなら、担当者との相性が良いとはいっても、あくまで付属的なスパイス程度であって、そのロイヤルティの軸足は標準化された商品・サービスそのものにあることが多いからです。

自分の専門性に自信をもち、給与が期待通りに高まらないことに不満をもつ人のなかには、顧客のロイヤルティの源泉が商品・サービスではなく、自分の属人的なナレッジにあると過信している場合があります。自身の価値を、高く見積もりすぎてしまっているのです。しかし、クライアントに対して生み出している価値には、会社のブランド、商品・サービス、バックオフィスを含めた他の部署の貢献なども含まれるはずです。それらを冷静に考慮し、**自分の貢献分はどの程度なのかを見極める冷静さは大変重要**です。

キャリアを高める最初のタイミングはアラサーでやってくる

キャリアのステージを高める機会、そして収入を増やす機会となる、**ひとつ目の大**

きな山は、20代後半～30歳前後、マーケティングの実務業務キャリアでいえば3～6年目くらいにやってきます。この年代の年収は、給与水準の高い一部の会社を除き、国内資本の事業会社やマーケティング支援会社では、450万～600万円の水準が一般的です。これくらいの経験年数になると、自身の会社でひと通りの業務サイクルを経験し、自立して業務やプロジェクトを完結させられ、社内外からスキルへの評価の高まりを感じてきます。しかし、その**実感に比べて会社からの昇給のスピードや絶対額が期待ほど上がらず、頭打ち**と感じる人も増えてきます。

この年齢は結婚の早い人なら家庭をもつことで、将来のファイナンスプランを試算して焦る時期でもあります。独身であっても、より給与水準の高い大手広告代理店のほか、商社や金融など**他業界にいる同級生の生活レベル上昇がちらつきだして、迷いが生じがちなタイミング**といえます。

ちなみに年収450万～600万円というのは、世の中全体の平均値からすれば決して低い水準ではありません。また、このタイミングで転職を考えている人の話を聞いても「会社の状況や自分への評価に大きく不満がある」というケースは必ずしも当てはまらないようです。むしろ「現在の仕事が好きで、若手のなかでは評価され、経営陣からも目をかけられ、同期の中で処遇もよいほう。会社には感謝している」と

いう人も多いと感じます。

しかし、自分の能力に自信があり、成長を真剣に考えている人ほど「この先も同じ環境では、大きな成長はできないのでは？」「仮にうまく成長しても、年収がさほど上がらないならば機会損失では？」と、不安がわき出てくるタイミングです。

これが一部の大手広告代理店や外資系大手事業会社になると、30歳前後で年収1000万円前後の水準にくる人も増え、現在の年収や将来の年収への不満や不安をもつ人は一気に減る傾向にあります。むしろ「年収が増えて生活レベルが上がってしまい、自分のやりたいことや成長のために、年収を下げてでも転職する選択が難しい」という、本人は真剣そのものでも、他者からは贅沢に見える悩みになってきます。

事業会社↔支援会社間のアラサー転職である落とし穴

では、一般的な事業会社と支援会社において、アラサー近辺で注意すべきはどのような点でしょうか。

まず事業会社のアラサー世代では、優秀な人ほど自分の責任範囲がなかなか広がらないことに苛立ち、真剣に成長機会が欲しいと考えている方が多いようです。マーケティングのマネジメント職へのキャリアアップをめざしてＭＢＡ取得を検討したり、狭くても深い専門性を磨くために支援会社への転職を検討する人が散見されます。

ただし、一般的な報酬の傾向として、**事業会社は年功序列の色合いが濃く、支援会社のほうが年齢との連動性が薄くなります**。つまり、支援会社では年齢が上がっても、評価されなければ給料が早く頭打ちになるため、事業会社で年齢が上がってから支援会社に飛び込むと、給与ギャップが生まれやすくなります。

ですから、**事業会社にいて、支援会社で腕を磨くことに関心をもっている人は、若い年齢のうちに転職する**ことをおすすめします。給与ギャップが生まれにくく、万一適性を欠いても事業会社に戻りやすいためです。できれば、**20代の後半までに飛び込んでしまったほうがよい**でしょう。一般的にも、30代半ばになると、事業形態特有の習慣が無意識のうちに染み込んでしまい、新たな環境に慣れるにも苦労します。給与格差の少なさ、変化適応力、失敗時のリカバリのしやすさといった観点からも、事業会社から支援会社へ転職するなら、若いうちがよいでしょう。


ただ、このとき、単に**現在の環境や給与水準に物足りなさを感じるから環境を変えたい、という人は注意**が必要です。それは「自身の気質や能力の適性」という壁です。

一般的に支援会社は、事業会社より業績や給料の変動が激しいうえ、事業サイクルが早くなります。狩猟型の組織体質に向いているのか、自身に問いかけてみましょう。

相対的には、事業会社のほうが支援会社より業績変動のスピードが遅く変動幅も少ないため、農耕型でじっくり取り組む気質であれば、事業会社のほうが評価されるポジションや機会が増える傾向にあります。支援会社は、プロジェクトも業績も四半期単位で目まぐるしく変わるため、新しいナレッジ開発と事業の収益づくりの二兎を追うことが苦にならない人でないと、ストレスフルな環境です。

これらは、いずれも能力の多寡ではなく適性の問題です。適性が合わない人が環境を変えると、脅かすようですが、極端に成果が出ずに、ストレスも増え、人生が不幸になります。自身の気質や能力というのは、同質の人が多い環境にいると自覚しにくいものです。それを知るには、**異なる環境にいる複数の知り合いから率直な見解を得る、または副業が可能であれば、支援会社の仕事を実際に担ってみる**のもよいでしょう。

決断のタイミングとリスクの関係でいえば、**ステージ4以降のマネジメントをめざす決断は30代半ばから**でも遅すぎることはありません。仮に途中で挫折し、スペシャリスト路線に軌道修正しても、あまり大きなダメージは発生しません。

しかし、30代後半を過ぎてから支援会社に転職し、適性を欠いて失敗をすると、キャリアの修正はより難しくなります。古巣の事業会社で評価が高く、出戻りを歓迎されるような人であればいいのですが、**アラフォー世代になると、事業会社側の人事も、異なる業界からの採用に慎重に**なります。また、そもそもスペシャリストに高い給与を支払う習慣が少ないなど、よほど重要度と緊急性の高い専門スキルをもっていないと、望む給与水準で採用されにくくなるので注意しましょう。

次に、支援会社に属しているアラサー世代が避けるべきは、現状の延長線上に自社や自分の未来が見通せないのに、転職の決断を先延ばしにすることです。

アラサーを超えて年数が経つほど、所属する会社での評価や人間関係は安定し、良くも悪くも居心地は良くなります。しかし、**その後の加齢とともに、あなた自身が多少の成長をしても、転職市場からの評価の目は「仕事の実績」以外の要素が強まっていきます。**本質的な実力や成果とは関係のない「所属してきた企業のブランド力」「得ていた年収のレベル」という外部から見えやすいシグナリング要素によって判断されてしまう比重が増え、良い条件の転職機会は急速に減ってしまうのです。

若いうちに無名でブランド力の低い会社に所属していても、しっかりと相応の実績を出していれば「たまたま就職時に、知名度の高くない会社を選んだけれど、能力が高い人」と見られ、良い条件の転職チャンスが巡ってくるものです。しかし、30代中盤あたりを過ぎると「そのレベルの会社からしか声がかからなかった人」というステレオタイプな見方をされる傾向が強まります。転職市場は「年齢が上がっても年収が高くない」という事実のみで仕事のレベルや実績を評価する、という冷たい現実を理解しておきましょう。

つまり「優秀だけど、まだ年収が低く、能力と報酬にギャップがあるお買い得な人材」と転職市場が見てくれて、**年収が高まる転職機会を得やすいのは、せいぜい30代前半まで**だということです。そのタイミングを逃すと、加齢とともに転職市場からの見られ方や提示条件は厳しくなっていくものと覚悟したほうがよいでしょう。

もちろん圧倒的な成果を出し、業界で評判になるほどの実績がある、実績を出せる自信があるなら話は別です。そのレベルになれば、年齢は関係なく、仕事も転職のオファーも指名で来るでしょうから、年齢を気にする必要はありません。また、業界中で評判というレベルではなくても、しっかりと良い仕事をし、成果を出していれば、それを直接的に知る人（取引先や元同僚の転職先）からの誘いはあります。

また、自身のキャリアの終着点を、独立や起業と明確に定めて決めている人であれば、年齢のタイミングよりも、起業までに必要なスキルや経験を充足させる視点で判断すればよいでしょう。**年齢を強く気にするべきは、雇われながらキャリアを高めていこうと考えている人**です。

ただし、事業会社のほうが厳格な給与テーブルがあり、早期抜擢も少ないため、給与の昇給ペースは入社後の努力や成果よりも、入社する会社の選択でほぼ決まります。そのため、**支援会社から事業会社への転職は、転職先を慎重に選ぶ必要**があります。ブランド力の低い支援会社にいても、需要のあるスペシャリストであれば良い事業会社に転職できますが、**事業会社として二流〜三流とみなされている会社に転職すると、そのあとで一流とみなされている会社に転職することは困難**になります。支援会社から事業会社への転職カードを切るときは、ぜひ慎重に検討してください。

アラサーで高く売れる〝スペシャリスト〟のポイント

キャリアと年収を高める最初のタイミングは、アラサーとお伝えしました。では、このタイミングで自分を高く売るには、どうすればよいのでしょうか？

シンプルに言えば、給与水準が高い大手広告代理店や事業会社が「今後も重要と考え、内製化したいと考えているマーケティング施策領域のスペシャリスト」になっていることです。

企業が内製化を指向し、採用するマーケティングのスペシャリスト領域には2つあります。

ひとつは、特に目新しいマーケティング施策スキルではないが、常に一定の需要がある施策を担い、**内製化によってコスト削減を達成する人員**です。2つ目は、マーケティングの世界でも新しい領域のスキルで、**社内に新しいノウハウを取り込み、マーケティング能力と成果を高める目的で採用する人員**です。過去5〜6年で言えば、戦略PR、デジタルマーケティングと呼ばれる領域カテゴリの専門家がその代表例でしょう。

前者のコモディティ化した定常業務のスペシャリストは、スキル自体はコモディティ化しているため、転職時に高い年収を提示されることはありません。しかし、年功序列の傾向が強い事業会社であれば、年齢とともに年収がじっくり上がっていく賃金体系です。**給与水準が高い大手事業会社であれば、40〜50歳で年収800万〜1000万円は見込める**でしょう。支援会社でも一部の外資系では、同様の水準が見込める会社もちらほらあります。

この目新しくはないけど、**事業会社が内製化したがるスキルをもつ職種の代表例は、**

調査・分析のスキルをもつリサーチャーや、ウェブサイトの制作・更新のディレクション～管理のスペシャリストです。

小さな事業会社であれば、調査やサイトの更新を外注に丸投げし続けている業務のなかで、一部分を内製化し、コスト削減を目的にしてアラサー前後のスペシャリストを採用する機会が増えます。また大手企業であれば内製化するためにすでに抱えているスタッフも多く、専門の部門やチームもあり、そこで欠員が出たら外部から補充します。調査やウェブサイトの業務量は、売上規模、商品アイテム数に比例する傾向があり、シャンプーや化粧品のような日用品や飲料の業態になると取り扱いブランド数も増えます。

携帯電話キャリアや自動車メーカーくらい大きな企業となると、年間の調査予算だけで億単位の予算をもち、相当数のスタッフを抱えていることは珍しくありません。

後者のマーケティングの新しい専門領域のスペシャリストは、企業側で採用の緊急性が高く、組織として伸ばすべき重点領域とみなしている場合、その責任者レベルでの採用となれば、転職初期から大きな昇給が見込めるケースが増えます。それは人件費の意味合いが、コスト削減のための採用ではなく、自社の価値を高めるための投資に変わることに加え、需要に対して良い人材が少ないためです。

事業会社でも、昇給ペースが速い外資系企業であれば、30歳過ぎで1000万円を超える場合もあります。実際に私が転職相談を受けて企業に紹介した中にも、**年収600万円ほどの支援会社から外資系事業会社に転職し、3年程度で年収1200万円と倍増した人もいます。**これほど短期間に大きく伸びるのは極端な例ですし、そもそも当人が非常に優秀だからこそですが、そういうキャリアアップもあり得るということです。

支援会社でも事業会社でも、たとえば30歳という年齢で切り取って、転職すればすぐに給与が大きく高まるぐらい市場価値と現在の年収のギャップがある人は、どのくらいいるのでしょうか？　私の定性的な印象ですが、せいぜい上位5～10％程度にすぎないでしょう。少なくとも、**転職で大きく年収が高まるのは、社内では自他ともに認める若手世代のエース級と位置づけられる人**の話です。

しかし、そのエース級の下に続く、平均レベルより上だけどエース級には達しないような、社内の上位30～40％に当たる人々は、そこから選び取る環境によって年収が伸びるか・止まるかが変わります。そのため環境次第で、10～20年後には、単年度の年収でも稼いだ金額の累計額でも大きな差が出てきます。

アラサーのタイミングでスペシャリストとしてどのような値段がつくかは、本人の資質や努力だけでは決まりません。**コモディティ化した領域のスキル開発をしてきたか、需要に対して供給が少ない差別化されたスキル開発をしてきたかがポイント**になります。ここでいうスキルの差別化とは、カテゴリ領域内の小さな差別化ではありません。たとえば、リサーチャーであれば同僚が知らないようなマニアックな統計や分析手法を身につけるのは、ひとつの差別化とはいえるものの、あくまでも社内や調査業界内で需要が限られた〝小さな差別化〟にすぎません。すると、転職市場で大きく評価されることはありません。

オープンな転職市場で高く売れるスキルの差別化とは、需要があるのに供給が少ないカテゴリのスキルを指します。差別化するレイヤーを間違えてはいけません。採用市場で求められていない細かすぎるスキルを、本人は重要だと思ってこだわり、高く売れると信じている――そんなミスマッチに注意しましょう。

専門領域のコモディティ化を察知する

自分の専門領域がコモディティ化してきたことを、どのようなサインから見極められるのでしょうか？　非常に難しい判断ですが、**専門領域で特化した支援会社が「ブランディング」を訴求に持ち出したときが、その領域がコモディティ化したサイン**と私はみなしています。コモディティ化していない稀少性のある時期であれば、「○○マーケティング」や「○○手法」と、その専門特化の看板さえ掲げていれば仕事がやってきます。しかし、それらの領域がコモディティ化すると、その看板だけでは差別化できない、あるいは単価が維持できないため、専門領域と汎用性の高いブランディングを掛け合わせて訴求していくことが増えるのです。

たとえば、PR支援をしていた会社が、「弊社はブランディングにも効果のあるPR支援を提供する」と訴求し始めるケースです。PRの部分を、SNSや通販に変えても同じです。同様に「ブランディング」を「顧客獲得」に置き換えるパターンもあります。ブランディングは、どの施策にも関わりがあり、より上位の概念なので接続がしやすい。同様に「顧客獲得」は、どのマーケティング施策も〝最終的には〟売上＝顧客獲得につなぐ役割を担うため、やはり接続しやすい概念です。

このように専門領域のコモディティ化が始まったら、上位概念のブランディングか、最終目的である顧客獲得（売上）のコンセプト、または〝データ・ドリブン〟などのアプローチが掛け算されて、差別化を強調した訴求が増えていく、と頭の片隅にいれておきましょう。

ただし、自分の専門領域がコモディティ化したと理解したとき、すぐにあきらめる必要はありません。たとえば、過去数年でも**「リサーチャー」はコモディティ化した職種とみられていましたが、「データサイエンティスト」という切り口に変わった瞬間に良い条件の求人が急増**し、需要が供給を上回っていました。この両者のスキルを分解すれば違いも多々ありますが、「データ統計分析に基づき、ビジネスに有用な示唆を提示する」ことが大きな共通性として見出せます。つまり、「リサーチャー」であっても、転職市場が求める「優れたデータサイエンティスト」とのギャップを分析し、足りないスキルと経験を補っていけば、より良い転職機会を得やすくなります。

同様に「企業のＳＮＳマーケティングのアカウント運用担当者」も、今では業務ナレッジがコモディティ化し、範囲も狭すぎて高い値段はつきません。しかしＳＮＳだけでなく「ネット広告」や「マス広告」と適切に連動させて成果を生み出す「デジタルマーケティング専門家」という、より上位の立ち位置になれば、旺盛な需要があります。そのギャップを、どう戦略的に埋めるのか？　その発想が大切です。

そもそも「データサイエンティスト」「デジタルマーケター」というような新しいコンセプトの職種は、その黎明期には明確に合意されたスキル要件がありませんし、名乗った者勝ちのような玉石混交の時期もあるので、そのような黎明期こそチャンスともいえます。まだ熟達した手練のスペシャリストはひとりもいないのです。そのようなタイミングでは、みずからアンテナを立てて、社内での業務や社外での勉強会やセミナーに参加するなどしていち早く情報を集め、成長に向けた投資を実行していけば、良い機会を得られる可能性も高まります。

アラサーのタイミングで大きな年収上昇をめざす人は、**20代のうちに従事するマーケティング業務が、市場で差別化されたスキル開発につながるよう、能動的に社内外で動きましょう**。その経験蓄積が、アラサーのタイミングにおける転職市場で交渉力を高めることにつながります。

結果論ですが、過去5〜6年のマーケティング業界の転職動向を眺めていると、デジタルマーケティング、戦略PR、ダイレクト・マーケティングといったニーズが拡大する分野で、プロジェクト・マネジメントを担い大きな成果を出せるアラサー層は、比較的有利にその後の職場を選べています。それこそ世間的には無名に等しい中小規模の支援会社から、ユニクロ、ソフトバンク、ナイキといった大手事業会社に専門性を評価されて転職したケースもあります。

新興系で中小規模の支援会社は、年齢や経験が浅くても、人材の層が薄いため、能力次第では大きな仕事のプロジェクト・マネジメントを任されやすい環境です。大手企業での経験が有利とは限りません。

自分を〝労働市場における商品〟に見立て、高く購入してくれそうなターゲット企業と、そこへの提供価値を見定め、みずからを計画的に育成する、そんなマーケティング戦略が欠かせません。もちろんこれは**社内での出世をめざすときも同様**です。売り込む先が異なるだけで、「自分を現在の会社に高く買ってもらうには、どうすればよいか」とみずからに問いかけ、能力と実績を開発することに変わりはありません。

ただし、経営陣によっては、従業員から給与水準や昇格について交渉されること自体を嫌う場合もあります。会社と従業員の関係が対等なビジネス関係と捉えていない経営陣も存在しますので、交渉をもちかけてよい相手なのかは慎重に見極めましょう。

当たり前の話ですが、**転職という手段は、所属する企業で高く評価されていない人が、環境さえ変えれば短期的に年収が高まる、という魔法の杖ではありません。**また、自分の能力や実績を盛りすぎて高く売りすぎると、すぐに化けの皮が剝がれ、転職先での立場は危うくなります。

マーケティングのプロジェクトはチームで遂行されますが、自分が薄く関わっただけのプロジェクトでも、さも自分が主軸となって成果を出したと喧伝するような「あれオレ詐欺（あの成功案件はオレがやりました）」ともいえる売り込みをかける人をたまに見かけます。しかし、これも仕事ぶりや周囲の人のクチコミからいずれバレる話なので、控えるべきです。**実像を超えた売り込みによって短期的に年収を高めても、相手の期待値と成果が釣り合わず、信頼を損ねることになっては、その後の待遇は尻すぼみです。**

専門領域を突き詰めるだけでは評価は上がらない

専門領域のコモディティ化への対応策とともに、私が感じる問題は**「自分の評価を高めるには、今の専門領域にもっと詳しくなること」**と一途に信じている人が多いことです。しかし、本当にそうでしょうか。

たとえば、ネット広告のスペシャリストとして、まだ専門知識が30点の段階なら、まだまだネット広告について学びを深めていくのはいいでしょう。知識を得るために時間やお金を投資しても、すぐにリターンが得られそうです。しかし、専門知識が90点まで来たらどうでしょうか？　90点から100点に近づける行為は、0から90点に引き上げるよりも労力がかかることがあります。

そのとき、「同じ専門領域の知識を深掘りし続ける」以外にも、時間投資すべき選択肢があります。それは**「隣接領域の他の専門知識を身につける」**ことと**「ひとつ上のステージの専門知識を学ぶこと」**です。ネット広告のスペシャリストであれば、隣接するテレビCMなどのマス広告やPR、またはコミュニケーションを飛び出し、店頭での接客や販促、または商品企画などを学んでもよいかもしれません。もうひとつの選択肢は、ひとつ上の、ステージ4のブランドマネジャーの仕事を学ぶとよいでしょう。

なぜ、隣接する横の領域の専門知識や、ひとつ上のステージの視界を理解することが大切なのでしょうか？　私が友人の弁護士から聞いた話で、これはマーケティングでも同じことがいえると感じたエピソードがあります。

「弁護士だと、友人から相続の問題を相談されることがあるけど、まず自分はそもそも相続分野の経験が少ない分野なので確かなアドバイスはできない。さらには、相続に詳しい弁護士も、相続対象の不動産鑑定に詳しいわけではないし、税理士のように節税に詳しいわけではない。さらにいえば、相続する家族間で意見をとりまとめるコミュニケーションの専門家でもない。つまり、相談したい人からしたら、当然のようにひとりの専門家で解決できると思っている問題は、実際は複数の専門家の知見を統合しなければ、まともな判断はできないんですよ」

つまり、法律問題もマーケティングも、さまざまに細分化された専門領域にまたがった複合判断をしなければいけないのです。だからこそ、**専門分野の知識を90点か**

ら100点に伸ばすより、60点レベルでもよいので隣接領域の知識をもったほうが、実際の成果につながって評価されることは少なくありません。

また、もうひとつの成長投資の方向性である「ひとつ上のステージの仕事を理解する」ことは、どのような意味をもつのでしょうか？　**ひとつ上のステージにいる上司の立場からすれば、自分が担う施策のアウトプットは、全体最適の中のひとつの要素**にすぎません。広告の担当者であれば、ブランドマネジャーが立てたブランド戦略の意図をよく理解したうえで、広告に反映させ、ほかの4P施策との一貫性への配慮の重要性を理解しておくことも大切です。

同様に、ブランドマネジャーの仕事であれば、ひとつ上のステージのCMOからみれば、ほかのブランドとうまく顧客や市場を棲み分けていることが重要なポイントです。また、自分の担当ブランドに多くの投資を引き出すには、社内の他ブランドよりも投資から得られるリターンが大きいと感じてもらわなければいけません。ひとつ上のステージの人の視界を知れば、より有効な折衝コミュニケーションをとることが可能になり、それは成果や評価に直結します。

このように、自分のステージの業務に必要な知識をひと通り覚えたら、それらを深めるだけでなく、**隣接領域の知識を学んだり、ひとつ上のステージの視界を理解し、専門領域の掛け算や視界の上下動によって成果を高められる**ことを覚えておきましょう。専門性というのは、基本的にあるに越したことはないですし、キャリアを高める起点として、最低限の専門性は必要です。しかし、ひとつの専門性でお金を稼げるライフサイクルは短くなっており、ひとつの専門性に頼ることのリスクは相対的には増しています。自分の成長投資を考えたとき、既存の専門性を深掘る以外の選択肢も考え、フラットに検討するようにしましょう。

オーナー支援会社は組織の新陳代謝をみる

支援会社に所属する方から転職の相談を受けたとき、私が尋ねるのは、今いる支援会社の**経営陣の世代と新陳代謝の速度**です。

大手広告代理店をはじめ、大手国内資本の子会社であれば、社長や経営陣も定期的に配置換えされるのが一般的です。経営陣の平均的な入れ替わりサイクルも把握しやすく、「社長は親会社から必ず派遣され、プロパー社員では社長になるのが難しい」

といった昇格パターンを推察できます。その**経営陣の入れ替わりサイクルを念頭に、自身が順調に成長して実績を残せたと仮定すれば、経営層になるまでの年数や年収をおよそ想定できる**はずです。それと、自身の期待値とが合致しているかを考えればよいでしょう。予測の精度が正しいかはともかく、考え方は非常にシンプルです。

同じようなマーケティング支援会社でも、状況判断が難しいのは、より小規模なオーナー経営会社の場合です。雇われる立場として、オーナー経営の良い面を挙げれば、オーナーから評価されれば若くして抜擢される人事も多く、優秀であれば早期に経営陣の一角となり、年収の上昇ペースが速いことです。ただし、企業の規模や方針によってはナンバー2ないしナンバー3の役員すら年収の水準が低く、上限が大手よりかなり低い場合もあります。

オーナー経営者の中には豪放な気質から「成果さえ出せば、いくらでも出す」「将来上場すればストックオプションでお金が得られる」と**気前のいいことを言って期待をもたせつつ、まったく実践を伴わないことも珍しくありません**。内実を検証するには、オーナー家出身でない経営層（役員）がどの程度の報酬を得ているかが有力な判断材料となりますので、情報収集してみましょう。

オーナー以外の経営層でも年収2000万〜3000万円得ている稀有なケー

スもありますし、逆にオーナーの右腕として求められる負荷は非常に高いのに年収1000万円に満たない会社も多々あります。これは会社の売上や組織の規模とは必ずしも連動しません。

オーナー経営企業において、将来有望なアラサー世代から見てあまり良い状況といえないのは、経営陣の平均年齢が自分よりだいぶ年上で、新陳代謝が起きていない場合です。すでに会社の上層部が固定化しており、自分がいくら高い成果を上げても、その上層部が握っている職務や年収水準を得るまでに長い順番待ちが発生します。

またオーナー経営に限らず中小規模の支援会社の場合、会社として相当なブランド力がないと、一定の年齢を超えたときに転職しようとしても良い条件を提示されにくくなります。そのため、表面的には自分の市場価値について部下の前で強気なことを言う経営陣でも、実際には現状の会社を離れられない人が増えます（意図せずオーナーとの関係が悪化して、離れざるえない人も出てきますが……）。

そのような企業の場合、優秀な中堅層が将来に失望し、過去に大量離職した結果、経営層と若手エースの間にあたる中堅世代の量と質が手薄になっていることが多いのも特徴です。

では、オーナー経営者以外が若く新陳代謝が起きていればいいのかというと、これも注意が必要です。オーナー経営者とほかの役員との間に極端な世代差がある場合、オーナー経営者が同世代の経営層チームから見放されて大量離職され、仕方なく組織に残った若手が引き上げられた例もあるからです。これも一概に悪いとはいえず、引き上げられた若手が大きな機会を得て、成長につなげる例もあります。ただし、自分の将来をかける会社ですから、過去になぜ経営層の離反が起きたのか、そしてそこから経営者が学びを得て繰り返さないと信頼できるか、自分なりに経営者を評価して判断しましょう。

オーナー経営者というのは、特に創業者であれば、事業をゼロから立ち上げたという、言うなれば小さなミラクルを起こして生き残った人です。その多くが、いわゆる人たらしでコミュニケーション力が高いのも特徴です。若くて人生経験が浅いと、オーナーの人的魅力やコミュニケーション力に惹かれ心酔する人も出てきますが、会社の経営はオーナーひとりではできません。そのとき**冷静にチェックすべきはオーナー経営者だけでなく、周囲に残っている経営陣のレベル**です。

経営者と直接コミュニケーションする機会の多い取締役や部長レベルの役職者は、経営者と一番長くふれあい、意思決定の質や、そこで現れる人間性や本音と対峙する機会も増えます。そのため、次の3点を観察することで、経営者の本質や経営レベルを見抜くことが重要です。

- 経営者についてきている直属の部下の人たちのレベルはどうか？
- 直属の部下は、どのような特性の人たちか？（どのような人を評価し引き上げるのか？）
- 直属の部下の人たちは、経営者をどのように評価し、対応しているか？（経営者に耳の痛いことも進言する信頼関係が築けているか）

コミュニケーションの見せ方がうまいだけ、または職人として専門性が高いだけで、経営力の低い経営者であれば、結局のところ優秀な部下たちは外部に流出し続けます。長期的には会社の業績も危ぶまれ、自分の成長環境としても制約が大きくなる懸念があります。つまるところ、**経営者にふさわしいレベルの部下しか社内には残りません。**このあたり、より高いレベルの相手と付き合うには、自分を磨くしかないという恋愛の俗説と一緒です。

また、**もうひとつ重要なのが、所属する企業のコアサービス事業のライフサイクル**です。マーケティング業界というのは、コンセプトや施策のキーワードの流行り廃りの激しい業界です。その会社のコアサービス領域は、ライフサイクルとしてまだ成長期なのか、それとも衰退期なのか。また、衰退期に差し掛かっているとしたら、新しい成長期を迎えられるようなコンセプトやサービスの新規開発や立ち上げができるのか、という視点でも考えましょう。

企業は事業が成長すればおのずと個人の成長機会、役職ポスト、報酬も連動して増えやすく、逆も真なりです。自身が30歳前後であれば長期的に衰退期にある会社に残るのは大変危険なことです。

もし右のような視点で考えても**素晴らしい経営チームや事業サイクルにあると思えるならば、オーナー経営者とともに長期的に二人三脚で歩んでいくと決めるのもひとつの選択**です。私も、そこまで考え抜いて決めた人の覚悟であれば、積極的に応援するようにしています。実際に、オーナー経営者のことを尊敬し、幸せに働いている人も沢山見てきています。

そのような成長企業には、オーナー経営者の右腕となるような素晴らしい人材が何名かいます。その一員として積める経験には、ほかでは得られない濃い体験も含まれるはずです。どのような選択であっても、**自分が胸を張って「積極的にみずから選んだ仕事と職場である！」と言える人ほど幸せ**です。

支援会社で、事業会社に転職したほうがよい人とは？

支援会社で、差別化された付加価値が出せないコモディティ人材として扱われてしまうと、評価と年収の天井は相当早い年齢でやってきます。**400万〜500万円台で頭打ちということも珍しくありません。**また、**一般的には支援会社のほうが、事業会社よりもワークライフバランスは劣る傾向**があります。評価や給与には一定の満足を得ていても、加齢による体力低下や、結婚や育児といったライフステージの変化によって、労働時間の長さが懸念材料となり、人生の満足度が下がる人も出てきます。

このような**評価の頭打ちを感じる人、ワークライフバランスを求める人で、マーケティング職にこだわりたい場合は、私は安定した大手事業会社への転職を推奨**します。今どきは大手企業も安泰ではないという意見は正しいのですが、多くの大手事業会社はマーケティングの支援会社と比べれば、相対的には経営が安定しています。

同じマーケティング業務に見えても、支援会社と事業会社では人材評価の要件が異なります。事業会社のほうが高く評価される方もいますし、社内での評価差が給与レベルとさほど連動しなくなります。給与水準が高めの事業会社であれば、同じ人材であっても40歳の頃には、そのまま支援会社にいた場合より年収が伸びるケースは少なくありません。それが50歳にもなれば、事業会社でベース給が大きく伸びて、さらに差が広がることもあります。

マーケティングの世界において「突出して差別化された価値」が認められるには至らないけれども、良いブランドの学校を出て、コツコツ努力を積み上げることに秀でた「平均以上に優秀な人」は沢山います。また、非常に優秀だけど、狩猟型の短期サイクルでビジネスをまわすことに気質として向いていない人もいます。こうしたタイプの人は支援会社では高い評価が得られなくとも、事業会社に行って、社内調整などで集団の意見をとりまとめたり、うまく外注側企業を使いこなせれば、良い評価を得られる場合もあるのです。

実際、同僚や部下を思い起こしても、「高学歴で大変優秀だけど、支援会社向きではなかった」という人は沢山いました。その中で、**アラサーのタイミングで支援会社**

から事業会社にうまく転職したことで、評価も年収も大きく上がり、幸せをかみ締めている人も多数います。端的に言ってしまえば、支援会社にそのまま残って入れば500万〜600万円で頭打ちになっていたであろう年収が、アラサーで大手事業会社に転職したことによって、アラフォーの頃には年収800万〜1000万円になっていた、というケースです。その意思決定で、年収差が倍になるわけです。

支援会社の中では、特別な評価につながらないマーケティングの基礎的な専門知識や、外注先企業のリストや特性情報など、当たり前に思えるような内容があるでしょう。それらは、ジョブローテーションが多くマーケティングの専門家が育ちにくい事業会社の中では、価値ある情報として評価を得やすい傾向にあります。つまり、**同じ能力や情報でも、働く場所＝市場を変えることで評価が変わる**ということです。また、事業会社が内製化して強化したい専門性をもつスペシャリストであれば、支援会社の規模やブランド力がそこまで高くなくても、意外に良い転職チャンスはあります。

私がここで伝えたいことは、**支援会社に勤める人は是非ともアラサーのタイミングで、自分が支援会社向きか否か、ワークライフバランスを大切にしたいか否かをシビアに考えて判断**してほしい、という点です。私が見てきた限り、**マーケティング業界**

で10～20年経って、後から評価が急浮上したような遅咲きの人はいません。社内や業界で後に大きく頭角を現している人は、3～5年の経験年数で、すでに一定の良い評価を得られているケースが多く、少なくとも社内では頭角を現しています。そのタイミングで、光る素養があると自分で思えないだとか、良い評価をされていないと思う場合、〝報酬面の上昇〟を重視するならば、支援会社側のプレイヤーという道に見切りをつけることも考えたほうがいいでしょう。

私のような支援会社の経営者という立場からすると、たとえ将来経営層やスタープレイヤーになる期待はもてなくとも、目の前で業務を担い貢献してくれている中堅の部下が会社を抜けるのは、大きな痛手であり避けたい事態です。そのため経営陣みずから「あなたは支援会社側で大成はしないだろうから、事業会社に行ったほうがいいよ」などとアドバイスをしてくれるわけではありません。そこは自分で判断するしかありません。

私も、部下から長期的なキャリア相談を受けた際は、その部下個人の適性や幸せと、自分のチームから戦力が抜ける目先のダメージとの間で、葛藤しながら答えざるをえなかったのが実際のところです。**経営側は、会社として収支が合わないようなローパ**

フォーマーでない限り、引き留めるのも仕事のうちですし、その感情的な引き留め策に、従業員も心をほだされるのはよくある話です。

人生観は人それぞれなので、人間関係や感情の絆で職場を選ぶのは否定しません。ただ、そのときに失うものへの正しい理解が、後悔のない判断につながります。あえて**下世話に言えば「年収の差を我慢しても今の会社に残るということは、その人間関係を毎年差額分のお金を出して買っている」ということ**です。これは差額によっては、10年単位で蓄積すると大きな差になります。このような下世話なメッセージを強調するのは、情にほだされて決断を逸し、あとで後悔している人を見かけることが多いためです。

キャリア構築も、P／LとB／Sへの目配りが大切

ひとつ留意いただきたいのは、**常に目先の給与水準だけを考えて会社選びをする必要はない、**ということです。むしろ目先の給与水準に偏った会社選びは、成長速度を

遅らせ、長期的には収入を最大化できない阻害要因になることさえあります。特に若いうちは目先の給与水準にとらわれず、将来の市場価値が高まるようなスキルや経験を得られる環境に身を置くことも重要な投資です。

なぜ年齢のことを言うかといえば、若いうちは冒険しやすいからです。一般論として、人は年齢を重ねるほど生活水準も上がりやすく、場合によっては家族を抱えて子供も養うことになり、基礎的な生活コストが上がります。そのため、歳を重ねるほど、将来投資のために目先の収入を下げる判断はしづらくなり、気力と体力が充実した残りの労働年数も短くなります。

企業の財務諸表は、それぞれ異なる視点で数値化されたP／L（損益計算書）とB／S（貸借対照表）の2つから構成され、両方に目配りしながら経営します。この**短期の損益と長期の資産形成という2つの視点は、みずからの価値を高めるキャリア戦略においても必要**です（図3－4）。

人材としての価値を棚卸しすると、P／Lは、その年の収入からスキル開発などに費やした自己投資額（書籍購入費、セミナー参加費、情報を得るための交際費など）を差し引いた単年での収益といえます。もう一方のB／Sは、お金を稼ぐ機会そのものを生み

図表3-4　人材におけるP/LとB/S

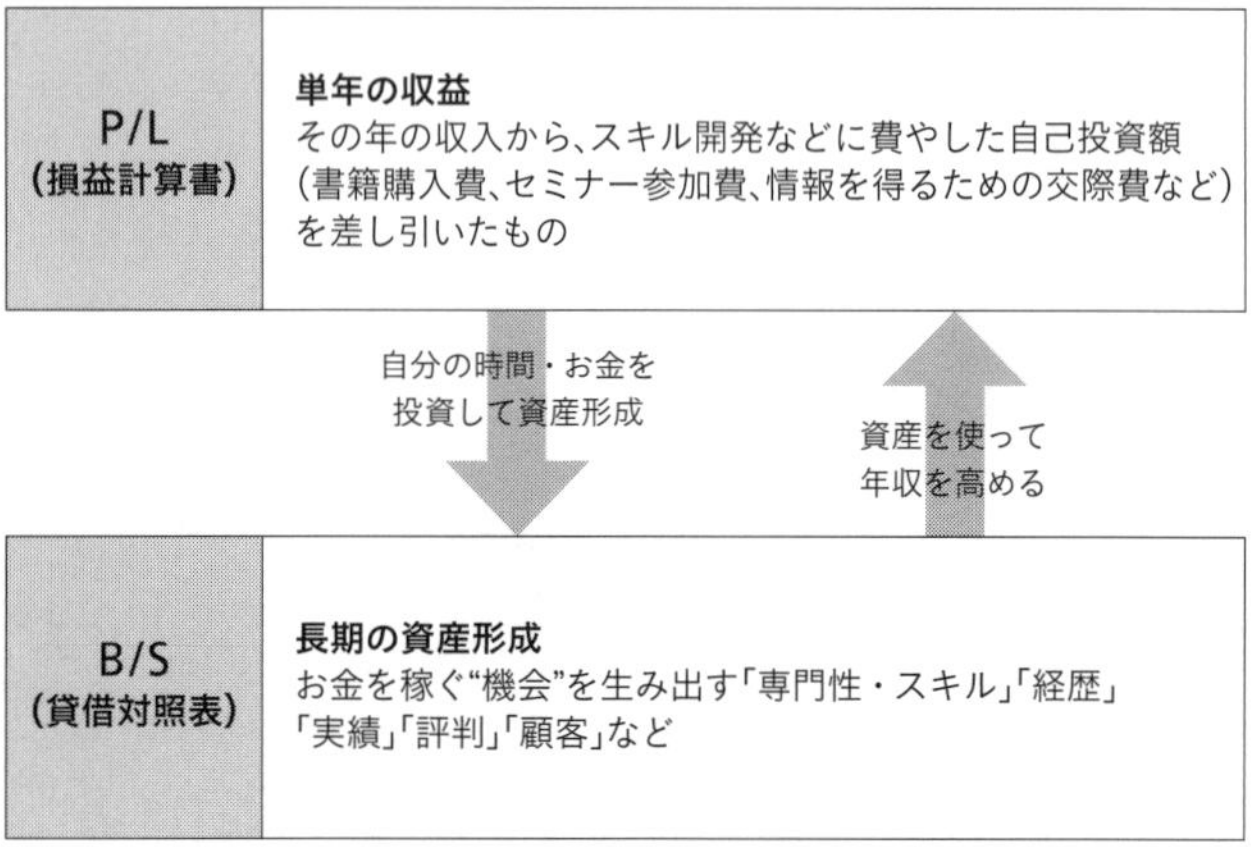
P/L
(損益計算書)
単年の収益
その年の収入から、スキル開発などに費やした自己投資額
(書籍購入費、セミナー参加費、情報を得るための交際費など)
を差し引いたもの
自分の時間・お金を
投資して資産形成
資産を使って
年収を高める
B/S
(貸借対照表)
長期の資産形成
お金を稼ぐ“機会”を生み出す「専門性・スキル」「経歴」
「実績」「評判」「顧客」など

出す「専門性・スキル」「経歴」「実績」「評判」「顧客」などの蓄積された資産です。持続的に人材価値を高めて高水準な報酬を得るには、目先のP／L＝そのときどきの年収だけにとらわれずに、B／S＝中長期的な資産を蓄積できる企業や業務に関わる視点が重要です。

わかりやすく言えば、勤め先の企業や業務によって、**目先では多額の年収を稼げるけれども、B／Sの資産が積み上がらない、下手をすれば経歴や評判などの資産をすり減らす場合もあります。**極端な例は、犯罪行為やグレーゾーンだけど儲かる企業や業務です。

また、そこまで極端ではなくても「マルチ商法」や「ネットワークビジネス」と評されるような大手企業では、一般の大手事業会社よりも高額な年収オファーが出てくる場合があります。しかし、高い報酬が得られても、その経歴によって次に転職できる会社の選択肢が狭まるリスクを伴います。そのような企業や業務に関われば、短期的にお金を稼ぐことはできますが、「経歴」と「評判」という資産はやせ細り、将来のより良い仕事を得る機会を減らすことになるため、その選択には覚悟が伴います。

逆に、目先のP／L＝収入は高くなくても、長い目で見るとキャリア開発につながるB／S＝スキル・実績・評判が得られるような企業と業務もあります。たとえば、**目先では多くの給与が得られないけれども、将来需要が伸びると考えられる新しいマーケティング専門領域の支援会社で働けば、数年後にはその経験資産によって、良い仕事の機会が得られるかもしれません。**また、ブログやSNSに自身の専門性に関する投稿を続けていれば、目先は時間がかかるばかりでマネタイズできないけれども、将来的には業界内で影響力が高まり、その専門性に惹かれた企業や人からより良いチャンスを得られるかもしれません。書籍の執筆も自身の専門性を市場にPRする資産形成の典型的な仕事です。つまり、目先のお金を稼ぎつつ、今後のより良い機会を生み出す資産開発につながることにも時間やお金を投資するバランスが大切です。

この視点に立つと、社会人の途中からMBA取得に自分の時間とお金を投資する行為は、どのように評価できるでしょうか。目先の収入を減らすことと引き換えに、マネジメントの基本スキルを学ぶほか、マネジメントキャリアの候補者であるというシグナリング効果を得る、レベルの高い人々とのつながりを得るといったB／S資産形成投資のひとつといえます。ＭＢＡ取得という投資の是非については、**ビジネススクールのランクが低いとみなされるとリターンを得にくいなど、費用対効果の面で賛否両論ある**ので、自身の将来に必要不可欠かどうかをよく吟味しましょう。

ちなみに私の仕事の時給単価を棚卸しすると、本業のコンサルティングに比べて、それ以外のビジネススクールでのゲスト講義、ブランド戦略の講演、ビジネスメディアでの対談や寄稿記事、書籍の執筆などは単価が低い仕事です。しかし、自分が得た知識や経験を社会や業界に恩返ししたいという思いとともに、会社や個人として大きな機会を生み出す将来の資産への投資と思って実施しています。実際、過去にはこのような活動で知っていただいた方から、大きな仕事の機会が生まれ、長期的には大きなリターンの収益も得ています。

B／S資産形成に投資するモチベーションを持続するポイントは、B／S投資によってP／Lでリターンを得る成功体験です。たとえば、「〇〇の領域に詳しくなりたい」

と決めたら、本を数冊読む、セミナーに1～2回参加するなどインプットに励む。かかるコストは、累計でせいぜい数千円から数万円です。**期間や予算を区切って投資をし、そこで得た知見を何かしらの業務に反映**させてみましょう（図表3－4）。その投資によって、自分の業務の成果が高まり、周囲の上司や顧客から認められれば、小さな成功体験となります。

小さなテーマや短い時期に区切るなどして、自分なりに楽しんで続ける方法とペースを見つけることが大切です。特にブログやSNSの投稿のような類のものは、呼吸のように無意識にできる人もいれば、大きな心理的な負荷で続かない不向きな人もいます。何事もトライは大切ですが、自分に不向きな方法なら見切りをつけて撤退し、自分に適したほかの方法を探してみるのも手です。

世の中には○○すべきという自己啓発にあふれていますが、本質的に強みではないものや興味が薄いものは続きませんし、結果として他人より秀でた強みにはなりません。**戦える強みとは、少ない努力でも明らかに他人より評価が高い手応えのあるもの**で「自分にとっては何でもないことだけど、他人が高く評価してくれる得意なこと」です。

自分を冷静に見極めるためメンターをもとう

「スキルがずいぶん上がったのに、それに比例して給料が上がらない」

これまでマーケティング業界で働く方々から、多くの転職相談を受けてきました。その方たちが現在の勤め先にもつ不満の本質は、冒頭のセリフにあります。ただ、この**「スキルと給与が連動する（はず）」という期待は、給与レベルの決定メカニズムを理解していないがゆえ**に生まれます。

一般的に給与水準は、新人から数年の初期の時代には、業務レベルの習熟度とともに上がります。しかし、それより上のレベルにいくと、長期的には需要と供給のバランスによって決まります。会社には評価や報酬の制度があり、それに沿って運用されているのが通常ですが、**報酬の水準そのものは人材の需給バランスの影響を強く受けます。**

各種人気ランキングを見ても、マーケティング職は、世の中に数多くある職種の中でも高い人気を誇っています。人気職種ゆえに志望者も多く、他業界であれば、提示した年収水準や、知名度の低い中小企業では獲得できないようなハイレベルの人材が応募してくるほど、非常に恵まれた採用環境にあります。

実際に私の経営するインサイトフォースでも、通常はその企業サイズや知名度の低さからすれば望めないような学歴や職歴をもつハイキャリアの方から、それも国内だけでなく海外からも応募が相当数あり、こちらが驚くほどです。

つまり、潤沢な利益が出ている会社であっても、マーケティング業界で給与水準が上がりにくい理由のひとつは、このように人材供給の環境が恵まれていることにあります（採用環境の良さに甘えているだけでは業界の先行きは良くならないという経営側の問題については、本書の主題ではないためここでは割愛します）。

給与制度には、法律や社内規定など各種ルールが存在しますが、本質的には会社と従業員の間で、1対1で取り交わされる相対取引です。そのため、自分の価値と報酬は、評価する企業によって異なるのが常です。企業によっては、経営陣に気に入られたり、今すぐ必要とされる高い専門スキルをもっているなどの特殊要因があれば、市場価格の相場を超えた報酬を得られる可能性もあります。

ただ、**市場の水準を超えた処遇に持続性はありません**。長期的には、需給の中で相場の適正値に収斂していきます。また、一般論として、**相場より上ブレした処遇をしてしまうような経営者は気分の移ろいも激しく、ちょっとしたきっかけで評価が下がり、翌年から是正されて給与が激減する**ことも珍しい話ではありません。

このように、〝経営者への売り込みだけ〟がうまく、相場を超えた高い給与で入社し、その後に給与を是正・低減されて、再び転職……このサイクルを繰り返す人をたまに見かけます。ですが、長期的には評判は下がり続け、経歴としてもジョブホッパーとみなされて敬遠されていくため、徐々に処遇が悪化して哀しい末路をたどる人も多いものです。

給与には絶対的に正しい水準などありませんし、需要と供給も変化し続けます。また、人は誰でも自己評価が甘くなり、上ブレしがちです。そのときどきの自分の能力レベルと市場環境からいって**適正な市場価格水準、そして次の価値向上に向けた課題を正しく把握しておく**ことが大切です。そのためにも、良いフィードバックをしてくれるメンター候補を見つけたら、関係を大切に維持しましょう。

そのメンターも、勤め先の先輩や経営陣であれば、自社に引き留めようと発言にバイアスがかかります。たとえば、「現在のスキルであれば転職すれば給与が上がる」

などと立場上は言えませんので、その分を割り引いて話を聞く必要があります。また、逆にアドバイスをくれる人が転職エージェントの場合は、転職をすすめるために、相場より高く評価を伝えてその気にさせる人もいて、自分の市場価値を高く見積もりすぎる場合もあります。このため、できれば**直接的な利害関係のない人や、目先の案件化を急がずバイアスの少ないアドバイスをくれる転職エージェントを見つけ、メンターとして大切に関係を維持**しましょう。

私にも何人か自分のメンターとして心秘かに定め、定期的に相談している経営者が存在します。メンターは冷静な自己認識を助けてくれるだけでなく、彼らに対して恥ずかしくないように、成長を続ける自分であろうというモラルやモチベーションの支えにもなります。信頼でき、尊敬できるメンターは、金銭には変えられないほどの大きな価値となりますので、「この人だ！」という人を見つけたら、ぜひ大切にしてください。

コラム

SNSによる個人PRの効用と副作用

SNSやメディアで知見を発信することは、キャリアアップだけでなく、新たな仕事の機会を生み出す効果がある、と述べました。ただし、**SNSの個人アカウントで**

発信したり、メディアに露出したりする際に、使い方を誤ると大きな副作用ももたらすので留意が必要です。過去ログも残りますので、ステージが上がってから気をつけるのでは手遅れになりますから、慎重に行いましょう。

SNSでマーケティングのプロとして個人発信する際の、ひとつ目の確認点は、**所属する組織の広報ポリシー**です。一般的に、会社の規模が大きくなるほど社員は増え、社員が多いほど企業の評判を下げる「失言の発生数」が確率として高まるのは避けられません。そのため、企業規模が大きくなると「所属企業名を明示した個人アカウント運用は禁止」という会社は増えてきます。

所属企業を伏せた形での発信は可能なことが多いですが、**炎上騒動が起きれば、ネットの誰かが実名と所属企業をリサーチし特定される**ものです。そのため匿名でも、所属企業を伏せた実名でも、所属企業に迷惑がかかるリスクのある投稿は避けましょう。

2つ目は、**社内や取引先の秘密保持すべき内容を投稿しない**、ということです。そもそも秘密保持契約を締結している内容を外に漏らすのは論外です。また、そのリスクを感じさせるような言動は、事業会社の多くが嫌うことですし、場合によって処分の対象になることもあります。

ここまで気をつかう必要があると、もはや発信のモチベーションが失われる人も多く、大企業に属している人が、みずからのSNS個人アカウントでマーケティングノウハウを発信するケースは少なくなりがちです。特に、**大企業で出世争いが視野に入ってくると、政治的に足を引っ張られないように個人のリスクマネジメントも重要**です。失うものの大きさから、発信するモチベーションが下がる人も増えてきます。

発信するとしても、それらのリスクを抱えながらとなると、失言を避け、発言の内容で誰も傷つけないように細心の注意を払い、会社の見解ではないというリスクヘッジをし……結果として、ポジションをとらない、角のとれたぬるい発言になりがちです。

そうなると、発信したところで、結局は支持者もたいして現れず、マーケティング業界内で影響力を高めるという目的は達成されずに終わってしまいます。つまり、大手の有名企業に所属していると、個人アカウントでマーケティングノウハウを発信することは大きな足かせになる傾向があるのです。

マーケティング業界に限らないことですが、発信が活発で支持者の多いSNSアカウントを思い出してみてください。大企業に所属する人は多くないはずです。それは、**大企業に所属する人のコンテンツ力が低いのではなく、リスクヘッジのために気にかけることが多く、結果的にコンテンツ力が下がる**ためです。逆に、目立っているのは、フリーランスや小規模組織のオーナー経営者です。そのようなアカウントのなかには、一部では炎上騒動が起きているアカウントもあります。

なぜ、フリーランスや小規模組織のオーナー経営者は炎上を起こしても気にしないのでしょうか？　ひとつは、自身がオーナーであり、炎上を理由に自分を処罰するような雇い主がいないためです。２つ目は、**炎上で得るメリットと、炎上で失うデメリットを比較すると、メリットが多いと感じる事業構造**のためです。

炎上するような賛否の分かれる意見表明は、一部の同調者をコアファン化する一方、残りの反発者から評判が下がるリスクもあります。しかし、自社の売上規模が小さく、売上達成に必要な顧客数が少ないのであれば、一部のコアファンだけでビジネスが成立することもあります。要は、評判悪化のリスクよりも、コアファン獲得のメリットが上回るという構造で、「悪名は無名に勝る」というやつです。

炎上する意見も中身をひもとくと、単に愉快犯のように煽るだけの投稿もありますが、実はまっとうな意見表明である場合も少なくありません。つまり、多少は表現に棘があっても、主張そのものに一定の事実や正しさが含まれる場合も多いのです。「正しい意見なら堂々と表明し、炎上してもいいのでは？」という見方もあります。しかし、これは多くの大企業と取引したい、もしくは大企業に雇われて生きたいのであれば、通用しにくい考え方です。

大企業の多くが取引を検討するにあたり問題視するのは、炎上している投稿の内容ではなく、「炎上しているという事実そのもの」にあるためです。ＳＮＳに限らないことですが、ポジティブな反応はみんな直接自分の耳に入るように伝えてくれます。しかし、ネガティブな反応は直接伝えてくれません。**ＳＮＳはのめり込むと懸念の声を軽視しやすくなる**ことも覚えておきましょう。

もし、あなたが大手の事業会社内で政治的に足を引っ張られずに出世したいなら、もし、あなたが支援会社側で大企業との取引阻害リスクを避けておきたいなら、炎上は避け、個人アカウントの冷静な運営を心がけましょう。大手企業の人はよく「炎上させる人は見ているだけなら面白いけど、取引するには正直不安だよね」とこっそり打ち明けてきます。そのリスクヘッジ意識を前に「炎上してはいても、中身はまっとうなことを言っていますよ」と言ったところで、ほとんど響きません。

最後に、ある炎上活用のプロフェッショナル（!?）が私にこっそりこぼした言葉を残しておきましょう。

「**炎上は火加減が難しい**。燃えそうで燃えない、適度に燃えそうに見えて、派手に延焼しすぎることがある」。それでもあなたは燃やしながらデメリットを上回るメリットをつかみに行く覚悟がありますか？「イエス」なら、私がこれ以上お伝えすることは何もありません。

ちなみにSNSアカウントの個人発信について散々リスクを強調してきましたが、会社のポリシーとして個人も積極活用すべきという文化がある場合や、フリーランスのほかオーナーとして起業しているような人は、むしろ積極的に活用するメリットも多いでしょう。これだけリスクを煽った私も、Twitterでは1万人を超えるフォロワーを抱えており、会社のビジネス面でも非常に大きな恩恵を受けています。

第3章　まとめ

- 成長ステージ1～2はスキルや知識を磨くことに集中すれば、それと連動して報酬も上がっていく。一人前になるまで、最低でも2～3年は要する。
- ステージ3では、手がけた施策の成果や、コモディティ化していない専門性で評価されるため、それらが得られるよう周囲に働きかけながら、キャリアをみずから構築するべき。
- 事業会社内で昇進するには、目標を上回る成果を上げ、上司から高い評価を得る。専門知識の深さは評価の対象にならないことに留意する。
- 支援会社で評価されるには、専門性の深さだけでなく自分の専門性を組織全体の武器に転化させる取り組みが重視される。
- キャリアと年収を高める最初のタイミングは「アラサー」。大手広告代理店や事業会社が内製化し、強化したがっている施策領域のスペシャリストであれば、ニーズが高い。
- 事業会社にいて、支援会社で専門性を磨いてみたい人は、給与ギャップが生じにくいアラサーまでに決断すべき。失敗しても、若いほうがキャリアを再構築しやすい。
- 支援会社にいて、ワークライフバランスを重視したい、または狩猟型のビジネスモデルや組織文化が性に合わないという人は、アラサーまでに事業会社に転じたほうが、評価も年収も上がりやすい。

- 自分の専門領域がコモディティ化していないか常に見極め、足りないスキルと経験を補う。
- ステージ3のスペシャリストからは、ひとつの専門知識を深掘りするだけの視野狭窄に陥らないように注意する。隣接する専門領域の知識を身につけたり、ひとつ上のステージの専門知識を学ぶほうが、成果が出て、評価が高まることがある。
- 自分の冷静な市場価値を知るためにも、信頼できるメンターをもとう。

第4章

スペシャリストを極めるか、マネジメントに移行するか。それが問題だ

スペシャリストが避けられない加齢というリスク

ステージ3のスペシャリストが特に意識しておくべきは、年齢です。マーケティング施策の領域では、**加齢とともに、若い世代のターゲットに対する理解や、新しいテクノロジー施策についていけなくなる人も相当数出てきます。**実際にスペシャリストとして光り輝いていた人が、50〜60代を迎えて評価が急低下するというのも、マーケティング施策の世界ではよくある話です。

支援会社の人は、加齢に関してもうひとつ留意が必要です。施策レベルであれば事業会社の発注担当者が若いことも多く、発注先が年配者だと気をつかうため、その面倒を避けたいという本音をもつ人もいます。**加齢は避けられないのですが、若い発注担当から仕事を得るには、「扱いが面倒な人」と思われない日頃の立ち居振る舞いを意識**しましょう。「昔の古臭い経験談を、上から目線で押しつけてきて使いにくいベテラン」扱いされるリスクは誰にでもあります。このような評価であっても若い担当者から面と向かって言われることはなく、さりげなく取引が切られていくだけなので、自分では気づきにくいものです。

最後に、加齢のポジティブな機会もお伝えします。

加齢がハンデになりづらいのは、BtoBのマーケティングの世界です。BtoCであればターゲットの世代特有の感情やセンスを理解する重要性が高く、加齢がハンデとなっていきます。しかし、BtoBの商品・サービスであれば顧客が企業なので、世代特有の特徴や情緒よりも、組織の合理的かつ機能的な判断が優先されやすくなります。私の会社インサイトフォースでも案件の25%程度はBtoBマーケティング支援ですが、BtoCの世界にはない別の深いノウハウと楽しさがあり、決して地味で面白味のない世界ではありません。

目に見えない企業文化や決済プロセスへの深い理解など、歳を重ねるほど暗黙知の蓄積で有利になる要素も多いだけでなく、施策の効果測定やフィードバックも得やすいため、企画や仕組み次第で手ごたえがすぐに変わる喜びもあります。そのため、40～50代からは、BtoBマーケティング領域という加齢がハンデになりにくい市場に飛び込むのも、キャリア構築におけるひとつの選択肢です。

マーケティングのマネジメント職は、ライバルが少ない

ステージ4以降のマネジメントにキャリアを転換して進むメリットは、スキルの内容がより汎用的な経営能力に近づくところにあります。**知識やスキルの陳腐化が遅く、加齢が必ずしも不利ではなくなります**。同じマーケティングでも、戦略やマネジメントの領域は、加齢による経験の蓄積がプラスに評価される機会が増えていきます。というのも、戦略やマネジメントは時とともに新しい考え方や手法に更新されていくものの、施策の領域ほど非連続な変化は少ないためです。汎用的な考え方や経験に基づく暗黙知の比重が高いため、加齢によるプラスの面もあります。

デメリットは、マネジメントというカテゴリそのものが汎用的すぎる能力なので、**外部からはその優劣がわかりにくい**点でしょう。マーケティングのマネジメントの専門家としての旗を立てにくいのです。もちろん、内部での評価に基づく昇格ならスムーズです。しかし、外部からはレベルの判別が難しいため、転職市場でその候補者として認められるには、過去の成功実績や、ブランド力の高いＭＢＡでマーケティング

を学んだ経歴など、有効なシグナリング要素が絞られやすくなります。

ステージ４以降になると、スキルの種類やレベルは人によってかなり多様化してばらつきます。ある人はバランスよく、マーケティングの専門性も組織マネジメント力も高い。ある人はマーケティングの専門性の深さはほどほどだが、成果を出すチームのマネジメントが突出してうまく、高い業績を安定的に叩き出せる。そんなふうに、人によって強みはさまざまです。

ステージ4以降のマネジメントに進むかどうかは、年齢でいえば30代が岐路になるでしょう。ステージ3である程度以上のスペシャリストのレベルに達したとき、次のような選択肢が考えられます（図表４－１）。

- そのまま自分の専門領域を深め続け、スペシャリストとして極めていく
- 自身の専門領域が陳腐化しそうなら、次に波が来そうな新しい専門領域を探して学び、また違う専門領域のスペシャリストとなる
- ステージ４以降のマネジメント方向にキャリアをシフトする

論理的に考えれば、この3つの選択肢になりますが、実際は3つ目の選択肢は浮か

図表4-1　ステージ3のスペシャリストの選択肢とリスク

今後の方向性		リスク要素
より高レベルのスペシャリストになる	自分の専門領域をそのまま深め続け、スペシャリストとして極めていく	専門領域そのものがコモディティ化したり重要度が下がると価値が暴落する
複数領域のスペシャリストになる	異なる専門性を身につけ、複数領域を 組み合わせたスペシャリストとなる ＊今後需要が拡大する専門性だと効率的に市場価値が高まる	最低ひとつの専門性が確立されているとみなされないと、迷走したキャリアに見られる危険性
マネジメントにキャリアをシフトする	ステージ4以上のマネジメントにキャリアを シフトさせる	該当者として認められるハードルが高く、めざしてもポジションが得られないかもしれない

びづらいようです。というのも、ステージ3の方々のキャリア相談に対応していて実感するのは、ステージ4以降の道筋がよく見えない閉塞感があることです。具体的に**どのような業務内容か想像がつかない、また、参考になるロールモデルが身近にいない、といった不安を抱えている人が多い**ようです。

マネジメントに転換したいとき考えるべきこと

ステージ3のスペシャリストから、ステージ4以降のマネジメントに転換しようとした場合、事業会社とマーケティング支援会社のそれぞれの環境でも課題は異なります。問題とその要因をしっかりと理解したうえでの対策が重要です。

【事業会社での問題】

国内資本の企業では、マーケティングが「マネジメントにつながる専門職」とみなされず、ステージ4〜6の役職やキャリアパスが不明確な状況が散見されます。前述しましたが、そもそもステージ4のブランドマネジャーという役割そのものが設置されていないか、設置されていてもブランドの収支責任を負わされていない場合もあります。

そのような企業の場合、本人が意図せずともステージ3のスペシャリストとみなされると、それより上の役割が経営側から定義されていないため、延々とステージ3の職人スペシャリスト（広告に詳しい○○さん、調査に詳しい○○さん、SNSに詳しい○○さん）として扱われます。すると、**本人がマーケティング職にこだわり続けることによって、役職や収入の上昇ペースが急減速し、行き詰まってしまう**こともあります。このように、**社内で専門特化の職人というラベルを貼られた場合、その専門性が社外ネットワークや業界誌で高く評価されていたとしても、社内での評価や報酬が高まらないギャップに苦悩する**ことになります。

ちなみに、ごく一部の大手企業では、ステージ4〜6の役職と能力要件が明確になっています。それらの企業では、その報酬レベルも高く、マーケティング・キャリアでマネジメントをめざす人には厳しくも魅力的な評価環境があります。

外資系企業の場合は、採用側の視点として、**ステージ5のCMO以上になれば、本社のマネジメント層と英語でやりとりができて、マーケティングのマネジメントが担えると判断できるだけの実績やMBAなど、わかりやすい〝裏書き〟が必須**になります。そうなると、日本にいる候補者はせいぜい200〜300名程度、しかも、そのうち実際に転職する意向のある人は数十名に絞られます。外資系企業側はマーケティングのマネジメント職を採用しようにも、要件を満たす候補者が少なすぎて苦労する、という声はよく聞かれます。このマネジメント候補と認められると、経済的な報酬を高める機会は一気に増えますが、その参入障壁は高いので、狙うなら戦略的に考えて長期計画でキャリアをつくる必要があります（詳細は後述）。

【支援会社での問題】

支援会社の中でも独立系企業の多くが、ステージ3までの何かしらのマーケティング専門領域の支援サービスに特化しています。具体的には、商品・サービスの企画やデザイン、広告・販促、PR、CRM、SNSコミュニケーション、調査などに特化して支援する企業がほとんどです。そのため社内では、ステージ4以上のスキルを求められる案件の経験が積めず、道筋がよく見えません。

しかも第2章でも触れた通り、**「ステージ4以降の仕事は、事業会社側からすると「外注せずに、内部の人材で担うべきだ」という考え**が強く、市場としてほとんど顕在化していません。もちろん、支援会社自体もみずからの事業・サービスのマーケティングを推進しているため、経営側の役割を担っていくステップアップはありえます。ただ、支援会社において、その役割を明確に規定し、高いレベルで業務推進している会社はセールスフォース・ドットコムなどの外資系大手が中心で、社数は限られています。

大手の総合広告代理店の場合、ステージ4以上の領域を支援するサービスは、本社の一部門である少数の専門チームか、専門のコンサルティング子会社として存在します。しかし、広告事業で上がる収益に比べるとビジネスの規模があまりにも小さいため、属するメンバーの専門能力が高く相応の貢献をしても、出世に必要な実績づくりにはつながりづらい傾向があります。このため**社内キャリアパスのゴールとしては、専門機能の子会社や社内研究機関の経営層あたり**に制約される傾向があります。

もちろんそのような制約と引き換えに、大手広告代理店の傘下にある専門子会社であれば、資金繰りや営業、経営機能において、本社からの支援や恩恵を得られるメリットもあります。経営の自由度は減りますが、個人の専門能力やソリューション開発に長期目線で腰をすえて取り組むには、非常に恵まれた環境です。そのため、独立系の外部支援会社の経営陣に比べると、マーケティングについて体系的でアカデミックな知識欲が高く、大学院での研究活動なども事業と並行して進めている人が多く見受けられます。

支援会社でのキャリア問題を総括すると、まず、ステージ4以降にあたるマーケティング・マネジメント力を伸ばす機会や環境がほとんどないことにあります。仮に、その能力があったとしても、○○専門という会社が掲げたブランドイメージゆえに、マネジメント領域の案件を獲得しにくい、あるいは、仮に請け負っても顧客企業に正規の案件として料金請求しづらい傾向を覚悟しなければいけません。

もちろん、ステージ4以降のサービスを確立している外部支援会社もありますが、まだごくわずかです。最近では、**大手事業会社CMOを経て、支援会社を独立起業する人も増えており、ステージ4以降の業務を支援する会社が増えてきて、市場が活性化する流れ**は起きています。これは支援会社のマーケティング職のキャリア開発という観点からは、非常に良いチャンスです。

アラフォー以降は、中途採用ニーズがマネジメント層へ

事業会社とマーケティング支援会社の双方でのキャリア問題を述べてきました。そもそも事業会社側でステージ5以降の仕事を勝ち取るには、社内でのポジションや権限上で大きなジャンプが必要であり、出世できるかどうかもキャリアの分岐点となります。ステージ5のCMOであれば、その多くは取締役もしくは執行役員となることが多くなります。つまり、「CMOになれるか？」という問いかけは、「経営陣になれるか？」を意味します。

30代後半から40代前半のアラフォーになると、転職市場の様相は急変し、採用ニーズがスペシャリストからマネジメントへシフトします。そしてその求人も、メディアやホームページを通じたオープン市場で行われず、**クローズドな人間関係やヘッドハンターを介して行われる**ようになります。つまり、その年代までに業界内の人々やヘッドハンターから「価値ある候補人材」と認められるだけの活躍をしていなければ、

良い転職機会そのものに出会えなくなってしまいます。

アラフォー以降の人に対する支援会社の採用ニーズは、事業ドメインを新たにつくれるほどの顧客やノウハウを抱え、ビジネスを立ち上げられるレベルのスペシャリスト兼マネジメントか、自社のソリューションの付加価値を高めるような最先端の知見をもつ尖ったスペシャリストに絞られてきます。

少し例を挙げてみましょう。

- 大手広告代理店の子会社コンサルティング企業で取締役をしていた人が、独立系オーナー企業に転職し、子会社でコンサルティング企業の社長として事業立ち上げを担う
- 大手メーカーでデジタルマーケティング責任者だった人が、外資系デジタルマーケティング・コンサルティング会社に転職し、スペシャリストとして知見を提供する

これらは、いずれもすでに前職でハイレベルな実績を上げていたり、業界内で知られる実績があったからこそ実現する転職です。

要求水準は高いですし、求人の絶対数も減ります。ちなみに事業数値に責任をもつ

マネジメントではなく、専門領域の知見の提供にとどまるスペシャリストの場合、高額報酬が得られる会社となると、かなり数が限定されます。事業会社であれば一部の外資系や、支援会社であれば大手コンサルティングファームなどのように、その知見を活かして売上に変えるチームや人材が存在し「自分の専門性を誰かがマネタイズしてくれる体制が整った会社」でないと高額報酬で持続的に雇えないためです。

注意すべきは、自身の専門的な知見の深さと、ビジネス開発のスキルを混同しないことです。さもないと、「スペシャリスト」でありながら採用側の企業に対しては「事業開発できるマネジメント」という期待値で売り込んでしまい、双方にとって不幸なミスマッチが生じます。**アカデミックな専門性の深さと、チームを率いて売上をつくるビジネス開発の能力は、それぞれが独立した能力であり、誰もが両方を兼ね備えているわけではありません。**事業開発には、専門的なソリューション開発だけでなく、顧客開発といえる営業、組織開発といえる部下の採用・育成、事業計画と係数管理など、マーケティングの専門知識ではカバーされない要素が多々あります。売り込み側はそれらの自己認識が甘いことも多く、採用側もミスマッチを見抜けないことがあります。双方留意しましょう。

以前と比べれば、**国内事業会社でもマーケティングに強いマネジメント層を強化するため、ヘッドハントするなど外部採用する例が増えています。**資生堂の魚谷雅彦社長のように経営者で外部から採用されるケースはまだ少ないですが、外部からマーケティングに強い人材を役員として招き入れるケースは増えており、売り込み側のチャンスは確実に増えていくでしょう。

採用側の視点に立つと、要件に適うようなスペシャリストやマネジメントクラスであれば、すでにどこかで良い処遇を得ている、あるいは独立起業も視野に入っていることが多く、優秀な人材を確保しづらい点が課題になります。そのため、次善策として、CMO的な知見を提供するコンサルティングファームの支援を得ながら社内で育成する場合もあります。

アラフォー以降でマネジメントにシフトするキラーパス

ここからは、労働市場で「マネジメントを担える人材」とみなされるようになる要件を伝えていきます。一般的にブランドマネジャーやCMOを専門的な役割として設置し、欲している企業は、売上規模が大きいだけでなく、事業・ブランドの数が多岐にわたり、複雑性も増します。

そのような敷居の高い大企業においてマネジメント候補とみなされる要件は、大きく分けて3つあります。

1. MBA取得、大手経営コンサルティング会社在籍、事業会社での経営を担った**経歴シグナリング**
2. 商品・サービス、広告などのマーケティング施策を成功させた**ヒット施策実績**
3. 複数の事業・ブランドの施策投資PDCAサイクルをまわして経営パフォーマンスを改善した、**データ・ドリブンなPDCAサイクル基盤をつくった実績**

3つの要件はそれぞれ排他的ではなく、重複して要件を満たす人もいます。

■要件1. 経歴によるシグナリング

採用側から見ると、「MBAを取得した人材には経営の知識があるもの」という期待が生まれます。経営コンサルティング会社の在籍経験があれば、経営課題を外部から解決してきた経験への期待が生まれます。事業会社での経営経験があれば、文字通り経営を担った経験への期待が生まれます。ただし、これらの経歴によるシグナリングで注目されるのは、どの学校のMBAなのか、どの経営コンサルティング会社にいたのか、どの事業会社の経営を担ったのかといった、それぞれの経歴のブランド力です。**一流とみなされるMBA、コンサルティング会社、事業会社でなければ、採用市場において強いシグナリングにはならない**ことに留意しましょう。

もちろん、世間的に有名でなくても、優れた学びが得られる場は沢山あります。世間的に一流ブランドとみなされていないMBA、コンサルティング会社、事業経験には価値がないから、その選択や経験が無意味だと言っているのではありません。ただ、シグナリングとしては弱いという現実があります。

また、**採用側も売り込み側も留意すべきは、MBA取得と経営コンサルティング会社在籍の経験は、経営の実務経験そのものではない**ということです。経営の体系的な〝知識〟は身につけているはずですが、主体者として実務を担ったわけでないため、そのギャップを埋められる対応力があるかどうか、双方とも慎重に見極める必要があります。

この経歴のシグナリングを得る人は、事業会社〜マーケティング支援会社ともに20代後半〜30代のタイミングでMBA取得、経営コンサルティング会社に転職、事業会社の経営層として実績を出すケースが多いように見受けられます。大手の事業会社の場合は、若くして経営を担う機会を得るのは難しいため、**グループ内の特定事業や子会社で経営を担って実績を出すのも王道ルート**といえます。大手事業会社で、社長に抜擢される人のなかには、30代で新規事業や子会社など、その時点のコアではない事業で経営を担い、タフな経験で揉まれながら成果を出し、その実績が評価された人も増えています。

■要件2. ヒット施策の実績

商品・サービス、広告などで、多くの人が知るようなヒットを生み出した場合、この要件を満たします。**ヒットさせたあと、マーケティング関連のメディアに数多く露出し、業界内で知られていく**のはひとつのパターンです。施策のヒットの度合いが大きいほど、マーケティング・マネジメントの候補者であるというアピール効果は絶大です。

ヒットメーカーといえる候補者の場合、**クリエイター型かマネジメント型かを、採用側も当事者も理解しておく**ことが重要です。良い商品・サービスのコンセプトをつくる、良い広告施策をつくる、というクリエイティビティは大変貴重ですが、それらのクリエイティビティは、特定の顧客ターゲット層や商品特性に対してのみ深い理解や愛情があってこそという場合もあります。つまり、複数の事業・ブランドをマネジメントする仕事と、みずから個別の商品・サービス担当としてクリエイトする動機や能力は別物なのです。採用側も当事者も、この点への理解が甘くミスマッチが起こりがちです。

みずからがクリエイター型だと自覚している場合は、管轄する事業・ブランドの数が少なく自分の目が行き届く範囲であること、自分が思い入れをもてるブランド・商品・サービスであることなど、**ターゲット顧客への理解度と共感度を重視し、慎重に職場を選ぶことが成功のカギ**となります。

アップルの故スティーブ・ジョブズも、肩書こそついていませんが、商品・サービス・広告の細部まで直接に関与するクリエイター型のマーケティング・マネジメントだったことは明白です。そのやり方が機能した背景として、ジョブズの目の届く範囲の商品数に絞り込まれていたこと、そしてジョブズ自身が思い入れをもち続けられるプロダクトであったことが寄与したと想像できます。ジョブズが、多様な顧客層とブランドを抱えるP&Gの雇われCMOになってうまくいったでしょうか？　誰も検証はできませんが、答えはおそらく「ノー」でしょう。

ただ、マーケティングのマネジメント職といえども、商品・サービスがヒットしなければ何も始まりません。現場担当者の能力不足を課題とする会社も多いため、「みずから陣頭指揮をとって、現場で動くクリエイター型」のマーケティング責任者・経営層を求めている企業も沢山あります。

傾向としては、**オーナー経営企業のほうが、事業会社でヒット施策を生み出したクリエイター型の人を、マーケティングのヘッドとしてうまく活かしている**ように感じます。個性的な人材を泳がすのがうまいためでしょうか。オーナー経営企業で、マーケティングの責任者や、商品数の絞られた子会社の経営者を担うというのは、クリエイター型マーケターに非常に適したキャリアアップの機会といえるでしょう。

実際に、私のクライアントである売上高数千億円の大手オーナー企業でも、ほかの事業会社で多くのブランドを束ねるマーケティング・マネジメント職として成果の出なかったクリエイター型の人材を採用し、ブランド数が絞り込まれた子会社の経営層として起用しました。そのクリエイター型の経営者が、商品企画や広告施策を活性化するカンフル剤となり、見事に成果を出しています。

このほか、事業会社での施策実績を活かして支援会社として独立・起業する人がいます。その場合は「事業会社時代に◯◯をヒットさせた手法を提供します」というわかりやすい訴求が、事業の立ち上がりを支える強いPR要素となります。ただ、いつまでも事業会社時代の成功事例ばかり話していると「また、昔の自慢話か……」と顧客から冷めた目で見られるのも事実です。**立ち上げ初期のPR要素と割り切り、事業を立ち上げたあとに支援会社で確かな実績を積み重ねていく**ことを意識しましょう。

■要件3．データ・ドリブンなPDCAサイクル基盤をつくった実績

事業のPDCAサイクルを主導し、パフォーマンスを高めた実績というのも、地味ですが重要な要件です。ただし、**メディア映えしないため取り上げられにくいうえ、内容が企業秘密のため開示されにくいので、市場で広く知られることは稀**です。

この役割には、事業・ブランドのマーケティング施策の投資と成果に対する管理・評価が求められるため、マーケティング知識だけでなく、最低限のリサーチや統計に関する知識も必要です。また、投資予算の配分・管理においては経営企画部門が絡み、マーケティング施策の定量的な評価数値は調査担当が担うなど、複数の部門や担当者を横断して調整しないとうまくまわりません。

定量的な数字と分析に基づき、経営層に対して「どのマーケティング施策が有効だ

ったか」さらに「追加投資すべきブランドや施策は何か」、もしくは「投資を抑制すべきブランドや施策は何か」といったテーマについて有効な見解を提示できていれば、マーケティング・マネジメントの機能の一部を担っているともいえます。社内でCMOやマーケティング・マネジメントという役割や言語が定義されなくとも、大手企業では近い機能を担っている部門やスタッフが存在していることが多いものです。

これらの詳細な内容は、メディアやブログなどで成果として開示できませんが、その**考え方や、分析で得た気づき、実際の改善アクションと成果を、転職時の面接でリアリティをもって説明できれば、非常に大きな評価が得られます。**ポイントは、ファイナンスの知識だけ、マーケティングの知識だけ、リサーチの知識だけでは有効に機能しないため、それらを統合して解釈し、改善アクションにつなぐ力をもっていることです。マーケティング・マネジメントの本質を理解しているリテラシーの高い企業ほど、この3の要件を満たすスキルや経験の有無を慎重に見定めています。CMOは一プレイヤーではなく、あくまでもディレクションで価値を出すことが軸足になるためです。

以上の1〜3の要件を一気にクリアする奇策はありません。どれかひとつを満たす

にも、時間やお金だけでなく、運や努力も必要で、ハードルは高いといえます。しかも、これらの要件も万能ではなく、あくまで採用候補としてリストアップされ、面談にこぎつけるまでの評価に役立つものです。

マーケティング・マネジメント以上の経営層として企業に採用されるには、実際にこれまで担った事業や業務で、収益を力強く成長させた実績や、失敗経験から何を学んだかという学習能力が何よりも重要です。どれだけ要件を満たしていても、関わっていた事業の業績が下降トレンドで、その問題解決ができないようでは、マーケティング・マネジメント職の候補者として説得力がありません。

あなたが**ステージ4以上の経営層をめざすのであれば、自分のもつ強みや機会を棚卸しし、1〜3の要件を、どのように満たしていくのかを考えて準備**しましょう。相対的ではありますが、ステージ4のブランドマネジャーは、事業会社からすると採用要件1〜3に関して、ステージ5のCMOに対してよりは要求が低く、ハードルは下がる傾向にあります。やはり、経営層の採用と比べると、その慎重さやハードルが大きく下がるためです。

日本ではステージ5〜6のロールモデルが圧倒的に少ない

私が多くの企業の内情や、キャリア開発に悩む個人に触れていて感じるのは、日本国内に、ステージ5〜6にあたる**マーケティングをマネジメントする人のロールモデルが圧倒的に少ない**ことです。それに輪をかけて、ステージが上がるほど、その役割がリアルに書かれた教科書（マーケティング視点を軸に、ほかの経営機能と連動するのりしろ部分を体系的に書かれたもの）も非常に少ないため、とにかくキャリアだけでなくスキル開発の道筋が見えづらいのが現状です。この状況が、マーケティング界隈のビジネスパーソンがキャリアを見通せない閉塞感につながっています。

ステージ3の**スペシャリストのロールモデルであれば、各領域に素晴らしい方々が沢山存在**します。そのようなスペシャリストは各種業界メディアでの露出も多いのでイメージしやすいと思いますし、教科書や事例も世の中に沢山流通しています。ステージ4のブランドマネジャーも、それなりに多くの方々がメディアに出てこられて、身近に感じやすいのではないでしょうか。しかし、ステージ5の**CMO以上になると、該当者の絶対数が少ないうえ、主に外資系グローバル企業の非常に限られたコミュニ**

ティに集中し、その中だけで人材や情報が流通しています。そのためコミュニティの外からは実情が見えず、大きな情報格差が存在しています。

マーケティングのマネジメント能力を証明するのは、大変難しいことです。しかし、**いちど能力があると認められれば、非常に稀少性があり、事業会社からも支援会社からも重宝される**存在になるのは間違いありません。興味のある方は、ぜひそのことを視野に入れて自分の成長プランを考えてみましょう。

メディア露出が増えたスターマーケターは、転職・起業が近い

事業会社の経営層が、自社の成功事例をメディアで積極的に語ってPRするのは、ブランド力を高めるうえで大きな効果があります。しかし、成功の過程で用いた考え方・戦略・メソッドまでを外部に開示すると、場合によっては、競合に自社の手の内を明かすリスクが生じます。

つまり、**事業会社の経営層で、やたら高い頻度でノウハウまで開示するPR活動**（具

体的にはメディア取材、書籍出版、セミナー講演）が増えてきたら、会社のメリットを狙っただけでなく転職もしくは独立起業の準備として、個人の売り込みを始めたタイミングと考えられます。これらの活動は、企業にとってもＰＲのプラス効果もあるため、会社が不利益を被らないように、ノウハウ開示の程度には細心の注意を払いましょう。

　また、マーケティング施策の世界では、「新しい取り組みであること」がメディアやカンファレンスで注目を集めるため、**収益の実態は開示されないまま、考え方の先進性だけで注目を浴びる**ことがあります。しかし、そのような施策を実施した企業の経営層から「あいつは成功の立役者のように扱われて華々しく転職していったが、実際の収支は真っ赤で、後任者は立て直しに苦労している」などと苦々しい表情とセットで耳打ちされることも一部ではありません。

このような成功の立役者を採用する側の場合、施策の実態を可能な限り深くリサーチしておくべきです。人の採用基準は、必ずしも担当施策の成果や収益性がすべてではありませんし、**赤字施策でも前向きな挑戦であり、今後に活きる有効なノウハウを蓄積していることもあります。**

しかし、**採用側として、採用候補者の自己申告と実態との間に大きな乖離がないかは注意すべき**でしょう。その伝え方には、ビジネスパーソンとして誠実さが現れます。

好調すぎる業績の裏に蓄積した「値上げ」のマグマ

企業の売上高は、単純にいえば、「客数×取引単価」の掛け算で構成されます。そのためマーケティングを担う経営層は、あの手この手で、客数を増やす施策（新規顧客やリピート顧客を増やす）、取引単価を高める施策（購入点数や回数を増やすか、値上げする）を講じているのが常です。

この中で、**売上高と利益にシンプルにインパクトをもたらすのが、「値上げ」というレバー**です。しかし、値上げによる売上増も簡単なことではありません。顧客が、値上げした価格にふさわしい商品・サービスやブランドの価値を感じなければ、目論見ははずれ、客数を減らし、収益を減らすことにもなりかねません。

このようなハードルを乗り越え、値上げしても客数が減らずについてくれれば、短期間で売上・利益の大幅増をもたらします。ただ〝値上げ〟は、顧客側が購入しつつも「あれ、この商品・サービスはこんなに高かったっけ？　おかしいな……」と違和感をもつようだと、徐々に購入頻度が減ったり、競合に流れてしまったりする副作用が発生することがあります。つまり、目先の単年度では売上・利益が大幅に増えても、その翌年度以降は客数が落ち込み、売上・利益が反動減するケースもあります。

そもそも業績を高めることは大変難しく、単年度であっても、値上げで収益を大きく高めていたら大した腕前です。しかし、**いき過ぎた値上げによって売上・利益を急増させ、その実績をひっさげて華々しく転職や起業をするものの、残された事業会社では翌年以降の反動減に苦しむ**場合もあります。

翌年以降で業績降下が起きた場合、その影響要因が、値上げなのか、商品・サービス力の低下なのかを正確に分析するのは困難です。**去った側の人にすれば「自分の後**

任者の能力が低いので業績が落ちた」という説明もついてしまうのが、この問題の難しいところです。

もし採用側の立場で、目先の業績を高めるために過度な値上げをしているように見える採用候補者であれば、値上げの副作用に対する見解を問うのも、誠実さを測る有効な質問といえます。

第4章　まとめ

- スペシャリストにとって、若い世代の顧客や新たなテクノロジーを理解するうえで、加齢がネックになることがある。加齢がハンデになりづらいのは、BtoBのスペシャリストとマネジメントの世界。
- 年齢でいえば30代、ステージ4以降が視野に入ってきたら、マネジメントにシフトするか、スペシャリストを究めるかの岐路がくる。
- ステージ4以降のマーケティングを統括するのは主に事業会社となり、ステージ4以降を担える支援会社の数はごく少数。
- 30代後半〜40代前半のアラフォーになると、採用ニーズはマネジメント層にシフトする。
- 事業会社のマネジメント候補とみなされる要件は、「経歴シグナリング」「ヒット施策の実績」「PDCAサイクル基盤をつくった実績」の主に3つ。
- 日本にはステージ5〜6のロールモデルが少ない。

第 5 章

キャリアを築く
具体的な7つのパターン

キャリア構築をめざす代表的な7つのルート

ここまではマーケティングの仕事のステージや、キャリア構築するうえで意思決定の視点やタイミングを整理してきました。

ここからは「事業会社を軸としたキャリア構築」と「支援会社を軸としたキャリア構築」という典型的なパターンを解説していきます（図表5－1）。さらには、キャリアのゴールとしてフリーランスや独立起業をめざす場合についても、そのポイントを紹介しましょう。実名は出しませんが各パターンのロールモデルも例示していくので、実際にキャリアを構築していくイメージをもてるようになっていただければ嬉しいです。

ただし、**キャリア構築の道筋はケースバイケースなので、完全に網羅したものではありません。**ここで提示するパターンは、典型的な傾向として参考にしていただければ十分です。言うまでもなく、これらの型にはまらないキャリアを否定するものではありません。相対化することで理解を深めていただけるように描写しています。

図表5-1　キャリア構築の主なパターン

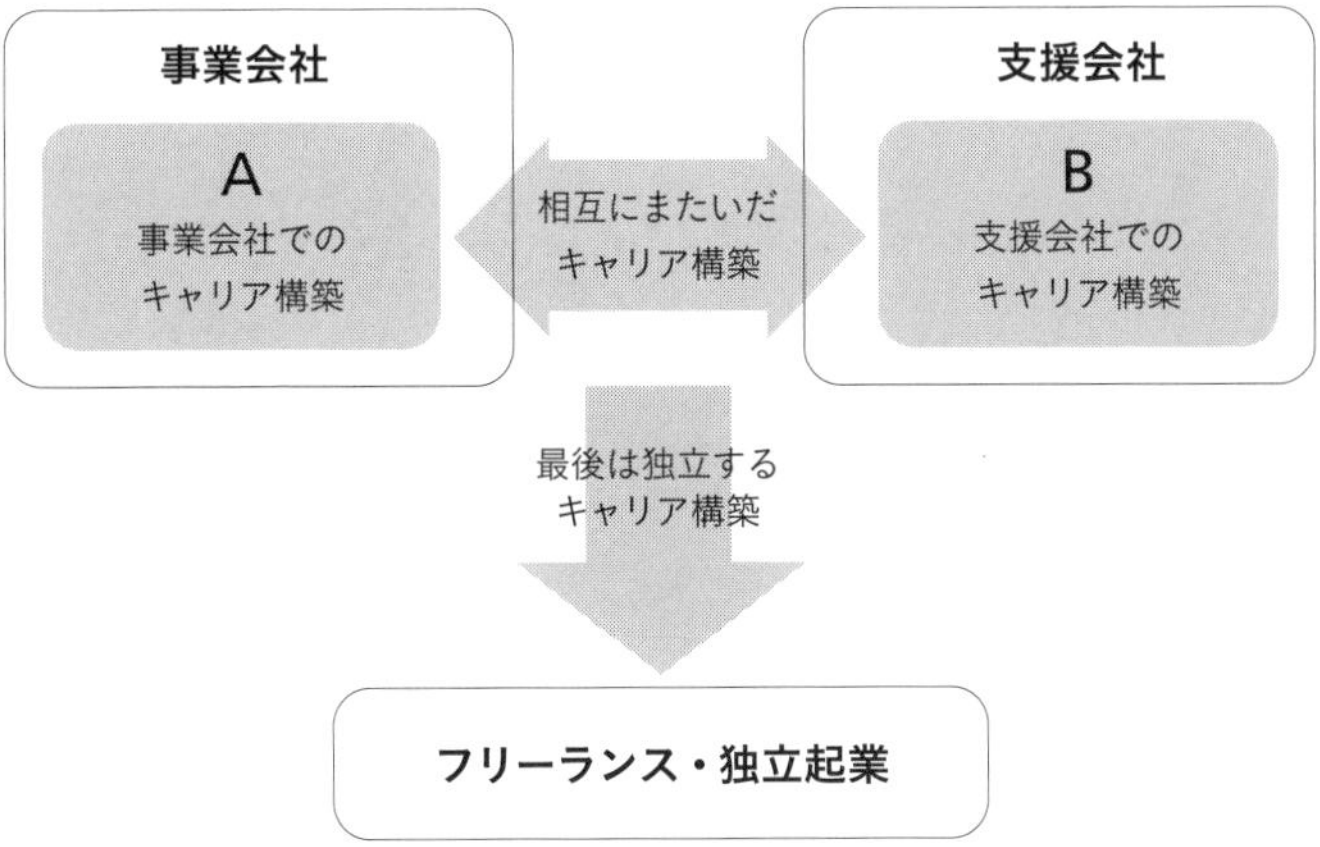

キャリア構築の具体的な道筋

キャリア構築の具体的な型		
A 事業会社を軸としたキャリア構築	1社で働き続ける	A-1：自社を愛するコミット型
	転職も活用する	A-2：王道キャリアアップ型
		A-3：ヒット実績で渡り歩くブランド人型
B 支援会社を軸としたキャリア構築	1社で働き続ける	B-1：中小ベンチャー早期抜擢型
		B-2：大手支援会社でじっくり昇進型
	転職も活用する	B-3：真理探究の職人スペシャリスト型
		B-4：事業立ち上げ請負人型

事業会社を軸とした
キャリア構築

事業会社でのキャリア構築は、1社で働き続ける「A－1：自社を愛するコミット型」と、転職も活用してキャリアを築く「A－2：王道キャリアアップ型」、「A－3：ヒット実績で渡り歩くブランド人型」の3つがよくある型です。

【A－1：自社を愛するコミット型】

事業会社の1社で働き続けてキャリアをつくっていく人を想定しています。

向いている人のタイプ

✓ 会社への愛着が強い人
✓ 経営陣や会社の未来に対する信頼が厚い人
✓ 会社を良くするために自分の役割を柔軟に変える、専門性を拡張させられる人

このパターンが、良い機会を得るポイント

✓ 施策～事業で成果を出し、社内評価を高める

✓ マーケティング以外の仕事に異動となっても、視野を広げる機会と思って前向きに取り組む

留意すべきリスク

✓ 業界や会社の業績が長期的下降トレンドに入ったり、経営陣が入れ替わって引き上げられる可能性が減ったりするなどの状況変化（これに備え、自分の客観的な市場価値は定期的に確認し、冷静に認識しておく）

✓ 会社の成長速度が鈍ると、自身の成長に適した役割やポジションの機会が減っていくこと（そのまま放っておくと、成長も実績も得られず、市場価値は高まらない）

この型のロールモデル

✓ ある商品製造小売の上場企業で役員をされている方は、まだ会社が小さかった頃に学生アルバイトとなり、自然な流れで卒業とともに入社。最初は宣伝広告を担当した。しかし、ブランドやクリエイティブに理解のない経営層が増えていき、その予

算管理のあり方に危機感を覚えたとか。「それならば、自分がブランドとクリエイティブをわかったうえで、より良い経営管理をしよう」と一念発起して国内のMBAで学び、自身が経営企画と管理のトップに。業務や職務にコミットするだけの職人気質ではなく、会社を良くするためにコミットし、そのために役割を柔軟に変え、異なる領域の専門知識の習得努力を惜しまない姿勢が実現したキャリア構築といえる。

✓ あるITソリューション企業の方は、新卒入社からマーケティング領域のグループリーダーまで出世したあと、数多くあるグループ関連会社でマーケティングの進め方を育成するトレーナーの役割を担っています。ひとつの事業会社で働き続けているが、会社からマーケティングへの強い意欲と専門性が認められ、その仕事に従事し続けることを承認されている例。会社の業務外でもマーケティングのスキルを活かし、地域を活性化するためのコミュニティを運営するなど、専門性を活かしながら楽しんでいる。

事業会社の中でも、外資大手企業ではマーケティングのキャリアが明確なことが多いですが、逆に**国内資本の企業では、マーケティング担当のままということは少なく、短期間で配置換えが発生する**こともあります。担当ブランドが変わるだけでなく、ときに商品企画から広告宣伝部に移る、場合によっては販売チャネルの営業部への移動など、業務の異なる異動が社内で発生します。つまり、マーケティングの特定業務だけに関わり続けたい人には、望まない異動が発生しがちです。

最終的に社内でマーケティングの責任者や経営層までキャリアを積み上げた方の話を聞いていると**「予期せぬ偶発的な異動先の仕事を楽しむ」という柔軟性**が感じられるのと同時に、「あの部署のときは暗黒期で辞めようと思った。あのとき部長が引き留めてくれなければ辞めていた」という退社一歩手前のエピソードがひとつやふたつは出てきます。そのとき支えとなるのは、経営陣との人間関係、会社やブランドへの思い入れの強さであることは多く、**会社・ブランド・商品・サービスへの愛着や、経営陣との良好な人間関係がモチベーションとなる人には適したキャリア構築**といえるでしょう。

このA－1型のリスクは、業界や会社の業績が長期的な下降トレンドに入って、予期せぬ転職が発生する場合に、年齢が40～50代などに差し掛かっていると、外部に説明のつきやすい事業部長クラス以上のタイトルか、よほど先鋭的な専門性がないと、報酬レベルの維持が難しいことです。

そのリスクに留意し、心の中で次善策も考え、しっかりと準備しておきましょう。結果的に次善策を選ばずに済み、満足できる処遇を得てひとつの会社でビジネスパーソンの寿命を迎えられたら非常に幸福な話ではあります。しかし、それを実現できた人は極めて少なく、運の良さも兼ね備える必要があると覚えておきましょう。

また、**ひとつの会社の中でキャリアを高めるときに留意すべきことは、自分の求める成長速度と、会社の成長速度の関係**です。自分の能力だけでなく、会社の売上も成長していれば、基本的に組織は拡大し、新しいチャレンジにふさわしいポジションの機会も増えていきます。しかし、会社の成長速度が低下すると、次にチャレンジしたいポジションそのものが減っていきます。このパターンで行き詰まらずに良いキャリアを構築できた人の多くは、会社そのものも成長拡大期で、新しいチャレンジの回数に恵まれていた人といえます。

【A-2：王道キャリアアップ型】

事業会社で転職をしながらキャリアを築く人の中でも、ブランド力が高く、報酬レベルも高い事業会社の転職を繰り返すような人の想定です。

向いている人のタイプ

✓ 高いレベルの学歴〜社歴といった経歴をもっている人

✓ 所属企業の安定性と高い報酬レベルを両立したい人

良い機会を得るポイント

✓ 高いレベルの社歴とマーケティングの職歴を積み重ねてきた、一貫して高レベルの履歴書を保つこと

✓ 外資系企業を狙うのであれば、英語力を磨いておくこと

留意すべきリスク

✓ 報酬水準の高い会社は、出世するほど社内での政治闘争が激しいため、仕事の実績評価以外で足を引っ張られるような言動を慎重に避けることも重要（社内だけでなく、メディアやSNSでの失言などに注意する）

ロールモデルとなる人物例

✓ あるグローバルメーカーで、新規サービス領域のマーケティング責任者を担う方

は、最初は日系の携帯電話キャリア企業に入り、その後、海外で成功した外資ベンチャーが日本進出する際に経営陣として転職。そこで日本国内での事業立ち上げを担い、英語での本国経営陣とのやりとりをこなす力をつけたうえで、3社目はグローバルな大手電機メーカーで新規サービス立ち上げの責任者を務めています。報酬面でいえば、最初に就職した日系大手企業の同期に比べれば、倍の収入を得ていますす（最初に入った会社も国内有数の優良企業です）。現在この方が得ているキャリアは、最初に優良企業にいながらも、アラサーの若いタイミングでしっかりとリスクをとって転職したことが起点になっています。

右記の通り、**華やかで説明がつきやすい社歴と職歴が重視されやすいため、無名な企業に飛び込むリスクをとりにくく、数少ない有名ブランド企業の中で転職を積み重ねる傾向**があります。事業会社は、報酬と企業規模が連動しやすいため、小規模で無名な転職先を選び、ナイストライともいえないような凡庸な事業テーマで失敗すると、その後の転職先はさらに処遇やブランド力の低い会社となります。結果、キャリアが尻すぼみで行き詰まりやすくなるのです。

東大出身など、経歴の起点は良かったものの、無名企業に転職して失敗をし、その後の所属企業のブランド力や報酬が下がり続けて苦労されている方もいます。このキャリア構築パターンは、転職先の選択が保守的にならざるえない点が制約となります。成功すれば報酬の水準も高く、比較的安定しやすいですが、限られたポジションを競い合うライバルは多く、シビアな競争となります。

転職でベンチャーに飛び込むにしても、履歴書として見映えのする職歴を重視せざるをえない面があります。つまり、まったく無名なスタートアップ企業ではなく、海外で成功したベンチャーが鳴り物入りで日本市場に進出するときの日本法人のマネジメントとして入社したり、すでに成功したメガベンチャーの注目度の高い新規事業子会社に行くといった場合が増えます。

近年、日本企業の人材流動性も高まってきて、外部から経営層を採用するケースも増えました。パナソニックが元マイクロソフト日本法人社長の樋口泰行氏を専務として採用するなど、実績ある人材を経営層として抜擢するケースが増えたため、必ずしも転職先候補は外資系とは限りません。外資系事業会社のマネジメントレベルで採用されるには、本社の承認も必要となるため、良いブランドの企業の社歴、専門性が明確でわかりやすい職歴、外国人との面接を突破する英語力も重要な要素になります。

最近では、ビジネスメディアで「**P&Gマフィア**」と物騒な名前で呼ばれることもありますが、マーケティングに強いと定評あるP&Gの出身者が、さまざまな事業会社のCMOや経営層を担っています。そのような人々が過去の職場で部下や同僚だったメンバーを自分の部下として採用することも多く、**若いうちにP&Gのような企業で働くと、内輪の情報として、あまり表に出てこないステージ4以降の経営層レベルの転職情報が舞い込みやすい**メリットもあります。

【A-3：ヒット実績で渡り歩くブランド人型】

事業会社で転職をしながらキャリアを築いていく人のなかでも、転職先企業のブランド力や企業規模にはこだわらず、みずからのヒット実績を武器にできる場合です。

向いている人のタイプ

✓ 飽きっぽく、好奇心の赴くままに仕事をしたい人

✓ 一癖あると言われる個性があるが、自分の名刺となるような誰もが知る成果実績がある人

✓ 万能型ではなく、強みややりたいことが偏っているが、その領域では良い成果が出せる人

良い機会を得るポイント

✓ 自分の気質を理解して活かしてくれるオーナー経営者と知り合う縁で、これまでのステージを超えた役割を得られる可能性

✓ 自分の気質や強みのアプローチと、関わる事業との適性の見極め

留意すべきリスク

✓ オーナーと握って得たポジションであれば、関係性維持に留意

ロールモデルとなる人物例

✓ ある自社企画商品と販路をもつブランド企業は、デジタル化の流れに対応し、さらにマーケティングを強化するために、中堅流通企業でデジタルマーケティングを担っていたスペシャリストを採用しました。その方は、転職先のオーナー企業で優れた実績を上げ、転職から1年半後、30代半ばにして取締役に昇格し、CMOとしてデジタルに限らずマーケティング全般を管轄する立場となりました。オーナーとの相性の見極めというのは実に難しく、何かとインフラが整っていない中堅企業で実際に業績を高める成果を出すのも大変なことです。しかし、そのチャレンジを楽し

み、成長の糧にできるなら、特に若くして大きな裁量を得たい方には、大変魅力的なキャリア構築のパターンです。

このパターンは、**マーケティング施策で大きなヒットを放つ力があるけれど、大きくて保守的な組織では上層部まで引き上げられにくいマーケターに向いたキャリア構築**パターンです。施策でヒットを放つ人は、往々にして顧客インサイト＝人の本音や、世の中の流行にも敏感です。そのため、クリエイターのような個性的な気質やファッションの人も珍しくありません。しかし、その個性が現場メンバーや現場を束ねる中間管理職までは許容されても、取締役となると認められない保守的な会社も存在します。

また、そのような保守的な社風に合わせてみずからを適応させようと努力される方もいますが、自身の強みも消えてしまったり、過度にストレスが溜まったりと、うまくいかないこともあります。

自身がそのようなタイプなら、その個性や好奇心の旺盛さを強みの与件として割り切ることも必要でしょう。**個性を「変革の種」として前向きに評価支援してくれる経営陣の会社を探し、機会を見出すのも、ひとつの有力な選択肢**です。私のある知人は、誰もが知るヒットを牽引し、その実績をある上場企業オーナー経営者に買われて引き抜かれ、そのオーナーとともにチャレンジングな新規事業立ち上げに奮闘しています。保守的な企業では許されにくいその知人の言動も、オーナーにとっては良い刺激のカンフル剤となっているようです。

このヒット実績で渡り歩くパターンにおいては、事業会社間だけでなく、転職先として支援会社もありえます。

事業会社からマーケティング支援会社に移る場合、若手のうちは、純粋にスペシャリストとしての転職機会があります。年齢を重ね30代後半～50代になると、事業会社への深い理解度というノウハウを期待されることに加え、前職や業界の経営陣へのコネクションによって、採用側に営業機会をもたらすことを期待されます。支援会社のなかでも、**提案サービスの単価が高く、自動車や金融など提案機会を得るのに敷居が高いターゲット業界を攻めるうえで、その閉鎖的なコミュニティで名が知れた人を採用し、トップセールスによって売上拡大を図ろうとする**のです。

前者のスペシャリストの期待値であれば、事業会社内部の組織構造や業務フロー、意思決定の機微を理解していることはひとつの価値にはなります。

後者のトップセールス期待であるならば、どれだけ優良大手顧客を獲得できたかというパフォーマンスで評価されます。グローバルで共通パッケージ化されたソリューションをもつ企業の場合、ローカル市場である日本法人のトップには、このような業界内インサイダーといえる人物が採用されるケースが増えます。**単なる知り合いの人脈レベルでは価値を発揮するのは難しいですが、ターゲット業界の経営層に売り込む力が強い人であれば、ひとつの有力な転職機会**といえるでしょう。

以下に、ヒット実績をテコに事業会社から支援会社に移る場合のポイントも記しておきます。

向いている人のタイプ

✓ 特定領域のマーケティングの専門性を特化して伸ばしたい人

✓ 今後拡大しそうな旬なマーケティング・ソリューションの普及に主導的な役割で関わりたい人

✓ 事業会社では裁量が大きくなるまで時間がかかりすぎると感じている人

良い機会を得るポイント

✓ 20代半ばまでの若手のうちは、給与水準の低い事業会社に所属の場合は、支援会社に転職すると給与水準が高まることは珍しくない（ただし、支援会社は20代半ば以降においては、給与額の伸びは評価次第で個人差が激しく、社内でも大きな差がつくリスクがある）

✓ 事業会社でのマネジメント経験やMBAを取得していると、支援会社の経営陣として転職し、良い待遇での参画機会を得やすい

✓ 大手事業会社に戻る可能性を残すのであれば、ブランド力ある支援会社が望ましい

留意すべきリスク

✓ 支援会社のビジネスサイクルや組織体質に適応できずに、大きなストレスを感じる可能性

✓ 30代半ば以降の支援会社への転職は、適応できなかったときのキャリアのリカバリが難しくなるため、できれば20代後半までに転職し、適応が難しいときに戻りやすい年齢を保つことがリスクヘッジになる

ロールモデルとなる人物例

✓ ある小規模事業会社で、Ｅコマース販売担当からキャリアをスタートした30代の方

は、その後、Eコマースを支援するコンサルティング会社を複数社経験し、現在は大都市の事業拠点リーダーを担い、給与水準を大きく高め、良いキャリアを築いています。

✓ ある大手自動車メーカーで、商品企画からキャリアをスタートした30代の方は、その後、海外でMBAを取得。MBA卒業後は、グローバルなマーケティング支援会社の日本拠点展開の経営層を担い、非常に良いキャリアを築かれています。御本人に意向があれば、大手事業会社に転職できるだけの自由度も担保しているといえるでしょう。

支援会社を軸とした キャリア構築

つづいて、支援会社を軸としたキャリア構築についてです。1社で働き続ける場合に、「B－1：中小ベンチャー早期抜擢型」と「B－2：大手支援会社でじっくり昇進型」の2パターン、転職も活用してキャリアを築く場合として「B－3：真理探求の職人スペシャリスト型」と「B－4：事業立ち上げ請負人型」の2パターン、合計4つがよくあるパターンです。

【B－1：中小ベンチャー早期抜擢型】

このB－1型は、中小規模（数名～百名程度）の支援会社で働き続けてキャリアをつくっていく人の想定です。

向いている人のタイプ

✓ 会社への愛着が強く、長期的な会社のビジョンと自分の成長ビジョンが重なっている人

✓ 若いうちから経営層から高く評価されている人

良い機会を得るポイント

✓ 経営層のニーズを的確に察知して解決し、事業数値の成果も出して抜擢の対象になること

✓ 新規の事業サービスの立ち上げなど、既存サービスをうまくまわすだけでなく、現在の経営陣にはできなかった価値を発揮すること

✓ オーナー企業の場合は、オーナー経営者からみて人間的な相性が良く、信頼されていること

留意すべきリスク

✓ 設立から時間の経った会社で、会社の成長力が弱いと、上層部は古残幹部と中途採用のスペシャリストで占められることが多い。このため、実績を出しても昇進が順番待ちで遅くなるリスクがある

✓ ブランド力が低い会社だと、アラフォーになってから転職活動をしても市場価格で厳しい評価をされやすい傾向がある

✓ 経営層に昇進する人は、若いうちから高く評価されていることが多く、実績を出しているが評価されない場合は、何かしら相性に問題がある場合もある

ロールモデルとなる人物例

✓ ある数十名規模のデジタルマーケティング・エージェンシーで取締役を担う方は、新卒でまだ設立数年の支援会社に就職し、各種プロジェクトを納品する現場の仕事で実績を積み重ね、7年のうちにマネジャー、取締役と出世しました。その過程では、新しいマーケティング支援ソリューションを立ち上げたり、ときには新規事業

が立ち上がらずに撤退したりと、成功ばかりではありませんでした。しかし、創業社長と苦楽をともにし、会社にも大きな愛着をもち、評価をされて、多くの同世代よりも良い報酬を得ています。

一般論として、電通や博報堂といった大手広告代理店が圧倒的なシェアをもつ市場で、マーケティング支援会社をゼロから立ち上げて軌道に乗せた中小ベンチャーのオーナー経営者というのは、何かしら一癖ある強烈な個性のもち主です。

そのため、このような経営者の個性が原動力となって生み出される、**ほかでは得られない機会やナレッジといった長所だけでなく、社内外で軋轢を生むなどの短所を目の当たりにしても人間的に受容できるか**が問われます。その短所に目をつぶる、もしくは自分がうまくリカバリして補完関係を築いていく覚悟がもてるかどうかも、このパターンでキャリアを築いていくための隠れた大事な要件といえます。

中小ベンチャーの支援会社のなかには、経営陣になると1000万〜3000万円程度の高い報酬水準の会社も一部あります。しかし、**役職者でない平均的な社員の年収は、企業規模と比例する傾向があり、年収の頭打ちが早い傾向**があります。そのため、中小ベンチャーの支援会社は若いうち、せめてアラサーのタイミングで経営層に出世できるか否かを判断し、難しそうであれば転職を考えるのもキャリアのリスクヘッジとして大切です。

アラフォーの年齢まで勤め続けて経営陣になっていないと、転職市場では評価されにくく、キャリアのリカバリは難しくなります。その頭打ちをきっかけに、報酬を高めるためにフリーランスになる人も一定数存在します。もし、自身が大きな成果を出している有望な若手であっても、入社の順序が遅く、上層部に引き上げられる順番待ちの時間が長すぎると思われるならば、早期の転職を検討するのもひとつの選択肢です。

これらの力学を踏まえると、もし自身がマーケティング支援会社の中小ベンチャーの経営者であれば、**絶対に残したい有望な若手社員は、組織の軋轢を多少生んだとしても早く抜擢して引き上げてしまうことも大切**です。そうした抜擢が遅いと、有望な若手から先に社外に流出し、残った人材からの消去法で登用せざるを得なくなります。有望な才能あふれる有望な社員からすると、あえて大手を選ばず中小ベンチャーの支援会社で働く大きなメリットは、年齢が若くても抜擢されて得られるチャレンジングな機会と報酬レベルの早期上昇にあるからです。

【B―2：大手支援会社でじっくり昇進型】

支援会社の中でも、数百名から大手広告代理店のような数千名規模の大手企業のなかでキャリアをつくっていく人の想定です。

向いている人のタイプ

✓ マーケティングの専門性は磨きつつ雇用を安定させたい人
✓ 役割や専門領域の変更を新しいチャレンジとして楽しめる人
✓ 予算規模の大きいマーケティング施策に関わりたい人

良い機会を得るポイント

✓ 自社にとって売上・収益規模の大きなクライアント企業案件に関わり成功させること
✓ 部門間のナレッジをつなぎ、掛け算のシナジーを起こせる人になること
✓ 新しい事業やソリューションに積極的に挑戦し、成功させて、社内でノウハウを横

展開すること

留意すべきリスク

✓ 安定した雇用環境で慢心し、新しい時流テーマに専門性がついていかないと、歳をとってから閑職に追いやられたり、リストラ対象となったり、待遇が大きく下がる転職先しか見当たらなくなること

✓ 営業だけの経験にとどまると、いざ転職することになったときに説明のつく専門性が見えにくくなること

ロールモデルとなる人物例

✓ 准大手広告代理店で取締役の一角を担うある方は、新卒で入社以降、営業畑を長く歩んで実績を積み重ねたあと、経営企画を担い、全社的なデジタルマーケティング強化の取り組みの旗振り役となっています。会社としてはデジタルマーケティングへの取り組みが遅れている危機感がありますが、この方は営業時代にみずから勉強し、積極的に提案を重ね、経営陣にはその強化のためのM＆Aや提携推進を提言し、その一部を実現してきました。そのため経営の方向性として、デジタルマーケティングを全社的に強化する方向となったとき、真っ先にこの方が引き上げられまし

た。

支援会社の大手企業は、売上規模が数百億円以上となると、業務プロセスや評価制度もある程度整備され、人材の層も厚いため、本体での大きな抜擢は少ない傾向にあります。この規模の支援会社の特性は、大手事業会社と同様で、経営陣になるまでは非常に多くの時間がかかります（子会社の経営陣、またはクリエイターの場合は30代で要職に就くケースもあります）。

この**大手支援会社でキャリアをつくるには、長期的な目線で社内での評価を積み上げていくしかありません。**ただ、経営陣に出世するためには、やはり新しいことを大きく成功させたという実績は必要です。社内での新規事業などは積極的に手を挙げ、トライしていくことは、成長のためであり、社内の実績づくりにもつながります。

現在、マーケティング業界では、デジタル化の流れが急速に進んでおり、その流れに対応できない40代以上の世代が沢山います。これらの人材を大量に抱え続ける体力が削られてきた支援会社は、これらの世代のデジタル対応のスキル育成をあきらめ、リストラや待遇を下げる会社も少なくありません。このような状況で、新しい時代のスキルもなく、処遇もある程度上がってしまっていると、転職市場では次の良い職場が見つけにくくなりがちです。このような事態に追い込まれないように、**新しいマーケティング施策や技術トレンドを追い続ける自己投資は欠かさない**ようにしましょう。

ちなみに、大手総合広告代理店は人材の層が相当厚いため、役員レベルへの出世は運を含めて相当な倍率を勝ち抜かなければ実現できません。そのため**出世争いに敗れても、ほかの会社に行けば十分に役員やエースとなれる方は少なくありません**。また、優れたクリエイターは、独立することも多く、評価が高い人であれば、所属していた会社から出資を受けて、事業立ち上げ時の安定を得るようなスキームも存在します（ただし、数年間は競合の広告代理店から仕事を受けることが制約されるなど、経営の自由度も失うため、良し悪しはあります）。

【B－3：真理探求の職人スペシャリスト型】

支援会社で転職をしながらキャリアをつくっていく人のなかでも、何かの専門家〜職人スペシャリストを志向する人の想定です。

向いている人のタイプの一例

✓ アカデミックなアプローチを含む真理探求や、専門性を深め続けることにこだわりがある人

✓ マネジメントに興味が薄い、もしくはマネジメントに適性がない人

良い機会を得るポイント

✓ 同じ領域の専門家と比べても、突出した専門性の高さをもっていること

✓ 自分の専門性を、変わり続ける課題や時流テーマに適応させてアップデートし続けること

✓ 自分の専門性を活かし、マネタイズしてくれる支援者が社内にいること

✓ 社外取締役やアドバイザーなどのキャリアを狙うなら、専門性エビデンスとなるハイレベルな学歴や職歴をもつこと

留意すべきリスク

✓ 事業立ち上げの営業力があるような期待値をもたれて転職すると、入社後にギャップが大きく、評価が下がるリスクがある（アカデミックな知識、売れるサービスを設

計する力、営業として売る力は丁寧に分解し、自分が何を担えるのかの期待値を的確に調整する）

✓ スペシャリストを高給で雇える企業の絶対数が少ないため、該当する企業のサーチは長期的な視野で継続的に行うこと

ロールモデルとなる人物例

✓ 大学院を卒業後に大手広告代理店の専門子会社でキャリアをスタートさせたある方は、マーケティングにおける統計分析とモデリングの専門性を高めました。その後、マーケティングのＩＴソリューション企業とコンサルティング会社をいくつか渡り歩き、40代からは外資系コンサルティングファームでマーケティングにおけるビッグデータや統計解析のスペシャリストとして良い処遇を得ながら活躍しています。

スペシャリストは、転職の舵取りが難しく、自身の専門性が活きる環境を求めるものの、求められるスペシャリストのスキルは市場ニーズによって変動しやすいという宿命があります。そのため、自身と会社の方向性が一致しなくなる、経営悪化によって処遇が悪くなるなど、細分化されたスキルのもち主になるほど、会社と相思相愛の

期間が短くなりがちで、転職が増えやすい構造があります。

スペシャリストの報酬面の処遇水準は、企業規模と比例します。そのため、いつでも引く手あまたの、よほどニーズが高い突出した専門性をもつ人以外は、**自身の専門領域を、コア事業として長期投資する大手支援企業を見つけて入社することが、高い処遇を安定的に得る**選択肢のひとつです。できれば30代半ばのタイミングまでには、処遇の良い大手支援会社を見定めて転職しておきましょう。ただし、そのような企業もポジションの数も絶対数が少ないため、長期戦を覚悟してアンテナを張って探すしかありません。

このスペシャリストタイプで、営業力もあるならば、**アラフォー前後で雇われながらのキャリアアップの限界を感じたとき、年収を高めるためにフリーランスになる人も**います。アラフォーになって、実力はあるが経歴や社歴が見映えしない場合は、大手支援会社に雇われにくくなるため、フリーランスも有力な選択肢となります。

リサーチャーやPRのスペシャリストなどは、比較的個人で仕事が完結しやすい面があり、スペシャリストのままだと給与の頭打ち感が出てくる30代半ばからフリーランスとして独立する人が増える印象です。子供が生まれ、自由度高くワーク時間をコントロールする必要性が高まり、フリーランスを選ぶ女性も多く見かけます。

このような**スペシャリストがキャリアを高めるカギは、自分の専門性を時流のマーケティング・テーマに応用できるように勉強し続けること**です。たとえば、単なる統計の専門家だけでは大きな価値にはなりませんが、ビッグデータやＡＩといった最近でも経営が関心の高いテーマに適応できれば、スペシャリストとしての市場価値は高まります。

スペシャリストとして事業会社をめざすべきタイプとは？

支援会社で培った専門性を武器に、スペシャリストとして事業会社に転職する場合は、主に20代半ば～30代半ばにチャンスが巡ってきます。私の印象でも、支援会社の専門領域を3～5年程度経験した人は一定の割合で「支援会社の立場から触れられる事業の手触りには限界がある」と感じ、事業会社で自分の専門性がどの程度有効か試したい、みずから事業を現場で推進したい、という人が出てきます。

このような転職では、**事業会社から需要が高く、供給が少ない専門性を磨いておくことが、転職で成功するカギ**となります。その後のキャリアの展開は、各事業会社で関わる事業や施策を成功に導くことが重要なポイントになります。事業会社で大きな成果を出し、なおかつその成功がメディアでクローズアップされると、声がかかる絶対数は増えます。

支援会社から事業会社に転職する際、自分の専門領域だけでなく、マーケティング施策全体の責任者やCMOのように、よりステージの高い仕事をすぐに得たいという場合は、転職先の企業規模を小さくする、ブランド力を下げると実現性は高まります。乱暴にいえば、**採用力の低い企業ほど、高いステージの経験者や成功者を外部から招聘するのが難しい**ためです。また、マーケティング業務への理解度が低く、ステージ3の専門家からステージ5のCMOまでの仕事の違いを明確に分解できていないことも多いため、その違いを気にせずに採用される可能性も高まります。

しかしながら、**マーケティングへの理解度が低い会社ほど、マーケティングの専門家に対する要望はむやみに高くなりがちです**。具体的にいえば、成果を出すために必要な投資額や時間の見込みが甘くなり、無理筋な要求を突き付けられる恐れがあります。「マーケティングテーマであれば、なんでも任せられて、外注も使わずに済むようになる」といった過剰な期待ももたれがちです。**期待が大きい分、失望に変わると、大きな摩擦が起きる要因にもなり、評価や処遇が後から大きく落ちるケースも散見**されます。転職時の期待値調整は注意深く行いましょう。

このパターンで転職が成功し、幸せそうな方のお話を聞くと、自分たちが愛するブランドを多くの顧客に広めるため、チームで長期的に取り組むプロセスを楽しまれています。支援会社のときは短期間で担当ブランドが変わってしまうことに感じていたストレスが解消されて幸せを感じています。また、事業会社特有の社内調整や政治的な動きにも、しっかり適応した方が成功されているようです。この2つが当てはまりそうな支援会社の方なら、このキャリア構築パターンは有力な選択肢です。

【B-4：事業立ち上げ請負人型】

支援会社で転職をしながらキャリアをつくっていく人の中でも、より営業的な力をもち、事業の立ち上げそのものも担える人の想定です。

向いている人のタイプ

✓ ゼロからの事業立ち上げができる営業力がある人
✓ 商品・サービスの開発〜標準化や組織の採用・育成など、事業全体のマネジメント

力に優れた人

良い機会を得るポイントは

✓ 事業の売上・利益をゼロから早期に立ち上げる成果実績を積み重ねること

✓ 自社のサービスを立ち上げるために、市場トレンドに影響を与えられるようなPRやプレゼンテーション発信ができること

留意すべきリスク

✓ 個人としての営業力だけで、組織マネジメントをする力がないとキャリアに限界があること

✓ 転職先の会社が徐々にブランド力や規模が下がり続けるネガティブ・スパイラルに入ると、報酬水準も低下しやすいこと

ロールモデルとなる人物例

✓ 新卒で広告代理店、そこからネットマーケティング会社と戦略コンサルティング会社を経て、大手広告代理店に出戻り、マーケティング・コンサルティングの子会社を立ち上げた方がいます。その方はその後、外資系のデータ・ドリブンなマーケテ

ィング支援会社の社長に転職されました。広告もわかる、ネットもわかる、経営戦略もわかる、データ・ドリブンな統計知識にも造詣が深く、おまけに経営者として事業立ち上げの実績もある——このいくつものカテゴリの専門性の掛け算によって、現在、大きな市場価値を獲得されています。

この**事業立ち上げ営業タイプの人は、会社への貢献の評価指標が明確で、実績を担保できるならば、売り込みや処遇を維持・向上する働きかけも比較的シンプル**にできます。業績貢献をわかりやすくできる職種は、単純に営業マンのケースだけでなく、営業責任者、サービス納品責任者、事業責任者、経営層と、多くの階層で役職があり、機会も増えます。マーケティングの支援会社でも、提供するサービスがパッケージ化されている業態であれば、業績の牽引要素は営業力の比重が高く、営業組織をつくるのがうまいタイプが事業部長や社長となっているケースが多くあります。

ただし、自身の営業力が強いだけでは、高給な営業スーパープレイヤーにとどまります。ポジションや処遇を高めるには、営業組織の育成・管理と、営業の仕組み（セミナー開催からの営業追いかけクロージングやウェブからの問い合わせなど）を構築する力や、部下の育成を強化し、マネジメントができる人材であると証明できる実績づくりに注力しましょう。支援会社の業界でも、マーケティングの専門性の高さ、営業力、組織開発のすべてを兼ね備えたマネジメントの候補者人材は少なく、実現できれば人材としての価値は大きく高まります。

このタイプの**成功のカギは、新規事業立ち上げを担うチャンスがやってきたとき、しっかりと業績を残すこと、**これに尽きます。逆にいえば、新規事業の責任者に近い立場を得られないと、キャリアを発展させることはできません。自分の強みをしっかりと理解し、それを活かせる新規事業立ち上げの場をサーチしましょう。成功した方を観察していると、アラサーから30代半ばまでのタイミングで、新規事業立ち上げにチャレンジし、成果を出して、大きく成長されたケースが多いようです。

フリーランスをめざすなら、明確な実績を上げよう

将来的にフリーランスとして独立したい場合は、最後まで雇われながらキャリアをつくる人と決定的に異なる要素があります。それは**経歴・職歴の見え方を気にする必**

要性が低い、ということです。もちろん起業直後の信用がない時期であれば「大手の○○に所属していた」という経歴は一定の信用になりますが、成否を分けるほどの決定的要素ではありません。そのため**会社選びは、独立後に必要なスキルを身につける視点を重視**して、会社のブランドを気にせずに選ぶ自由度が高まります。

一貫してピカピカな社歴である重要性は低いとお伝えしましたが、**経験した案件の実績は、非常に重要**です。マーケティング業務というのは、非常に要件定義の難しいものが多いため、発注主の多くは、過去に関わった案件の実績を知りたがります。その仕事のレベルだけでなく、どのような発注主と対応してきたかを知ることで、案件のコミュニケーションをスムーズにできそうかを知る手がかりとなります。特別な大成功という華やかな実績でなくても、大手企業の仕事をしていた経験があれば「大手企業のお作法や企業体質に理解があるだろう」など、一定の安心感が得られます。

個人のフリーランスとして仕事を請け負う場合、留意すべきは価格のディスカウントです。発注側は悪気なく「組織やオフィスを抱えていないということは、個人の人件費分だけまかなえればいいはずだから、法人に頼むより大幅に安いだろう」と安値を期待していることが多いものです。値付けにはさまざまな考えとロジックがありますが、「今回だけは予算がないから安くして。次回からちゃんと出すから」や「実績づくりと思って無料でできない？」といった、許容できない水準のディスカウントがきたら、きっぱりと断ることも重要です。

この手の安値ディスカウントは、一度受け容れたら、そこから価格が正常な水準に戻ったという話は聞いたことがありません。独立直後の不安な時期に、これらの提案に乗っかって後悔しているフリーランスの人は多いものです。**正価で仕事が来ないのであれば、そもそもフリーランスとしては食べていけない**、というくらいの割り切りと覚悟をもって価格交渉に対峙しましょう。

事業経営をめざす人はマネジメント経験が必須

また、将来は事業を起こしたいという人は、雇われている間に新規事業の責任者として採用・育成に始まり組織マネジメントを担い、事業の売上だけでなく原価や販管費のコントロールを含め、利益にまで責任をもつ経験をしておくことがおすすめです。

事業の責任者でなくとも、そうした**マネジメントを身近で補佐するポジションを経**

験したかどうかで、起業後の無駄な試行錯誤は大きく減ります。起業後にうまくいか

ずに発展させられない経営者の多くは、それらのマネジメント経験が不足しているケースが多いものです。

もちろん例外はあり、学生時代に起業し、雇われる経験がないまま経営者として東証一部上場までたどり着く猛者も存在します。もしあなたがそのような人と同レベルの稀有な才能と努力を持続する覚悟のもち主であるならば、何も迷うことはありません。この本は不要なので、今すぐ起業しましょう（笑）。

もし、大手事業会社を顧客としたB to B事業を展開するのであれば、独立するまでに、**大手事業会社を顧客とする支援会社を経験するか、もしくは大手事業会社の中で働く経験をしておくとよい**でしょう。大きな事業会社には、マーケティング施策の予算形成から、施策の内容を判断する合意形成まで、さまざまな「お作法」と呼ぶべき習慣があります。それらを知っていれば、大手事業会社に提案し、サービスを納品するときに、どのようなことに留意すればよいか理解しやすくなります。

リスクは、ゼロにするのではなく、コントロールしよう

ここまでキャリア構築のパターンを紹介してきましたが、参考になったものはあったでしょうか？

もし、あなたがリスクを理解したうえで、何かを選択をしようとしているならば、「○○になったら、その選択の負けを認めて、別の選択肢を検討しよう」というような**撤退ラインを決めておく**ことをおすすめします。

誰しも、みずからの選択の誤りを認めたくないものですし、会社や同僚と縁が生まれれば、それを大切にしたいと考えるものです。しかし、そのような自然な感情に身を任せた結果、あとで後悔する人も多いのが「キャリア」なのです。成果の出ない、キャリアの積み上がらないことに時間を使っているヒマはありません。

なんの迷いもなく、成功まで一直線だった人など、ほとんどいません。**成功者のキャリアにも、表では語られることのない黒歴史はあるもの**です。危機に直面しても、落ち着いてリカバリをすばやく考え、実行しましょう。

キャリア構築がうまい人とは、世間体やブランド力で会社や仕事を選ぶのではなく、常に次の次を見据えて選択できる「戦略」をもった人です。また、誤った選択を早期に修正できる、つまり「損切り上手」な人です。

リスクのないキャリア構築などありません。安易に転職を煽るつもりはありませんが、ひとつの会社で長く漫然と過ごすこともリスクを招く場合はあります。**リスクは、なくそうとするのではなく、自分で許容できる範囲でマネジメントする**ようにしていきましょう。

その許容できるリスクの範囲は、各人の価値観、ストレス耐性、ファイナンスのゆとりによって大きく異なるため、それぞれが自身に問いかけていただくしかありません。

何が幸せで、何が不幸か。そのために、何を捨て、何を得るのか。

自問自答から逃げずに、個別解を求めよう。

世の中の一般的な目線として、より有名でブランド力の高い会社、より高い年収、より高い役職……などを求める人が大半でしょう。しかし、それらの**〝より良い〟にはきりがありません**。また、その〝より良い〟水準を高めるほど倍率は高くなり、願っても得られない人は増えていきます。そのすべてを、当初から思い通りに手に入れる人など、ごくわずかです。さらに言えば、手に入れることができても、心が満たされないままの人すらいます。

年齢が若いときは、自己評価も、他者からの評価も定まっておらず、無限の可能性を否定する人はいません。しかし、加齢とともに、自己評価はともかく周囲からの評価は定まっていきます。本人の自覚の有無はともかく、それらの評価により、**現実には、40歳を超えたあたりから、ごく一部を除いた多くの人はキャリア選択の幅が狭まっていきます**。もちろん、独立起業のように自己完結してできることは、自分の意思決定次第で、いつでも始められます。ただ、望む会社から雇われ、望む役職を担うには、相手の会社から希望されない限り実現しません。

多くのビジネスパーソンと付き合ってきましたが、**幸せの大小は、あるレベルを超えると、必ずしも所属企業、年収、役職とは比例しない**、と感じます。幸せは主観的なものなので、自分に対する期待と自分の実状とのギャップによって形成されます。つまり、非常に乱暴に言えば、期待＜実態なら幸せですし、期待＞実態なら不幸ということです。

世間的には有名会社で出世していても、幸せそうでない人はいますし、逆に無名の会社で出世していなくても、とても幸せそうな人はいます。この違いは、自分への期待の差だけでなく、そもそも有名な大企業よりも、無名でも小規模な会社で働くほうが幸せという価値観の違いによるものもあります。そう、**大切なのは、自分のスキル特性を知って磨くだけでなく、価値観や気質のようなものを知り、それに適した環境に身をおくこと**です。

ある年齢を超えてきたとき、**幸せの成否を分けるのは、自分なりの幸せ**（と同時に、**ストレスフルで避けたい状況）をしっかりと定義し、その基準に沿った選択をし、快適な仕事環境を実現できているかどうか**です。

どれほど優秀な人でも、価値観やスキル特性と大きなミスマッチが起こると、一瞬にしてストレスを溜め込み、心身を壊すこともあります。心や身体が閾値を超えて壊れると、その回復には時間がかかるどころか、健康な水準に戻らないこともあります。**成長のための適切なストレスは必要ですが、ミスマッチな環境が引き起こす心身を壊すようなストレスは避けるべき**です。

若いうちは、自分の価値観や特性を知ることは難しいものですが、ある程度の経験を積んだあとは、楽しく成長できて成果が出た局面と、辛くストレスが溜まり成果が出なかった局面を対比すれば、自分の適性もわかるはずです。その**直視を邪魔するのは、自分のつまらないプライド**だったりします。

本書では、散々キャリアづくりを書いて煽ってきた面もありましたが、**キャリアには一律の解があるものではなく、読者一人ひとりの方の個別解がある**と思っています。スキルの得意・不得意だけでなく、「やりたいこと」「やりたくないこと」「実現できそうなこと」――これらは本当に人それぞれです。

幸せなキャリア、幸せな人生を送るためにも、**自分なりの理想を掲げ、未来に向け**

て努力するだけでなく、自分の価値観や気質をしっかりと認め、現実も受け入れる。 このバランスを冷静に取り続けることが大事なのだと思います。

読者の皆さまが、マーケティングの仕事でよいキャリアを築かれ、そして何よりも、ご自身の適性にあった環境を獲得し、幸せな人生を歩まれることを心から願っています。

第5章　まとめ

- キャリア構築の道筋にはさまざまあるが、事業会社中心か、支援会社中心か、さらに独立起業をめざすかに大別される。自分の強みや性格を鑑みて、キャリアを描こう。
- 事業会社中心のキャリアルートは、「自社を愛するコミット型」「王道キャリアアップ型」「ヒット実績で渡り歩くブランド人型」の3つ。
- 支援会社中心のキャリアルートは「中小ベンチャー早期抜擢型」「大手支援会社でじっくり昇進型」「真理探究の職人スペシャリスト型」「事業立ち上げ請負人型」の4つ。
- リスクのないキャリア構築はない。リスクはゼロにするのでなくマネジメントしよう。
- 自分の憧れと実際のギャップが大きすぎる人は、不幸になりやすい。加齢とともに、自分の持っている才覚・時間・制約与件などを冷静に見極め、取捨選択して、自分が成果を出せて、幸せに感じられる環境をうまく探そう。

おわりに　私自身のキャリアについて

検索「山口義宏　経歴」について

ここからは、私個人のキャリアについてお話しします。

私は、2013年に『プラットフォーム ブランディング』という書籍を出版し、ビジネスメディアでの寄稿や対談連載などメディア露出が増えました。そこで、ネット上での読者の感想を知りたくなって、エゴサーチ（自分の名前の検索）をしていると、ある日グーグルの検索窓の異変に気づきました。

「山口義宏　経歴」というように、私の名前の横に「経歴」という単語をグーグルが提案してくるようになったのです。つまり、「私の名前＋経歴」で検索する、私の経歴に関心をもつ方が増えたのでしょう。ちなみに会社のホームページやメディアに掲載されている私のプロフィール情報には、卒業大学の記載はありません。それは卒業大学を伏せているからではなく、大学はおろか高校すら卒業していないためです。

私の最終的な学歴は、慶應義塾普通部という中学校卒業です。その後、慶應義塾高等学校に2年ほど籍を置いて退学しました。高校に入って間もなく仕事を始めたため、実際の出席日数は極めて少なく、高等教育を2年分受けたとはとても言えないのが実状です。

キャリア戦略を書いておきながら、高校中退で驚かせてしまったら申し訳ないのですが、本書は「ハイキャリアな人が自身の経験で書いた内容」ではなく、「多くの人のキャリア相談経験と、自身のマーケティング業界でのサバイブ経験から見えてきた法則」ということになります。

高校退学の背景を簡潔に書くと、高校に入学した頃にエンターテインメント業界での仕事にご縁があり、学校よりそちらのほうが面白くなってしまったのです。入学から間もない時期から、あまり学校に行かなくなってしまいました。出席日数は足りないし成績もボロボロという有り様で、周囲の同級生や先生からしたら、単純に劣等生の烙印が押されていたと思います。

ちなみに、私が慶應に入ったのも中学受験で勝ち取ったものではなく、記憶すら曖昧な小学校受験で入学しました。自分で努力して得た環境でもないため、まわりが退学を止めても、当時の私は若さゆえの傲慢さもあり、学校に通い続けることに価値を感じられませんでした。

せめて大学までは進学してほしい、という親の願いをはねのけて17歳で高校を退学し、当然ですが父親からは「学校を辞めて働くなら、家には置いておけない。ひとりで勝手に生きていけ」と勘当されました。私は、当時で家賃3・3万円、四畳半、風呂なし、トイレは和式で共同、陽当たりゼロのおんぼろアパートでひとり暮らしをスタート。住んで半年後にはシロアリで床に穴が開くほどのひどい家でしたが、目先の貧乏の不安よりも、学校に時間をとられずに伸び伸びと働ける環境ができたことに喜びを感じ、自分の将来の成功を疑っていませんでした。今から思えば、根拠なく自分を過信している能天気な若者の典型です。

私の学歴については、特に隠すつもりもありませんし、これまでもクライアントやメディアの方から質問されればすべて率直にお伝えしてきました。友人や関係の近い仕事関係者には周知の事実です。

クライアントの方も、学歴を答えると最初はみなさん驚かれますが、変わりなく接し続けてくださいます。周囲のみなさんの、その度量の深さには心から深く感謝しており、大変幸運だと思っています。

ときどき、メディア業界の方が「中卒なのに、大企業のコンサルをやっているというギャップが面白い。それをもっと前面に出したほうがメディアでウケますよ！」と、善意で提案してくださることもあります。いわゆる「ヤンキー先生」や「ビリギャル」みたいなPRの方向性です。ただ、それらの提案は丁重にお断りしてきました。理由のひとつは、私が「中卒でも、成り上がれる！」と世間を煽れるキャラではないと自分でわかっていること。そして、もうひとつは、学歴ハンデがボトルネックにならずにやってこれたのは、周囲の方々の理解や環境に恵まれた要素が大きいため、「低学歴をハンデにしないキャリア術」といった再現性のある方法論をもちあわせていないためです。

私の父は、ピーク時は社員200名以上を抱え、バブル期にCI（コーポレート・アイデンティティ）支援で一世を風靡したODS（オーディーエス）というコンサルティング会社の創業経営者でした。最後は会社を潰してしまいましたが、私が幼い頃は不自由することない贅沢な暮らしをさせてもらっていました。世間からみれば、私は小学校から慶應に入った苦労知らずのボンボンで、おまけに高校中退。客観的に聞いても、我ながらダメそうな匂いしかしません（苦笑）。

ただ、経済的には恵まれた環境ながらも、父は「子供に金を残すつもりはない。お前たちは親の金をあてにせず、自分の力で働いて食べていけ」と子供たちに言い聞かせていたため、「自分の飯は、自分で稼いで食う」というごく当たり前の自立心だけは旺盛に育ったと思います。これは、今は亡き父親に感謝している点です。

10代の血気盛んな頃は、「学歴が人の価値を決めるわけじゃない」という反発心を抱えていた時代もありました。ただ、自分がこれまでマネジメント側として採用活動を積み重ねた経験から言うと、学歴は、採用候補の母集団をスクリーニングするには効率的なフィルターであると実感しています。採用後の個々人の仕事の評価にはあまり役に立たないのですが、ハイパフォーマーの出現率が高まる点で、効用は大きいと素直に感じています。また、圧倒的な知的好奇心でアカデミックなテーマを深めている方の見識の深さには、ただただ圧倒されることも多く、自分にはないものとして尊敬しています。

大手企業の作法とグローバル企業の仕組みを学ぶ

私は高校入学から間もなくエンターテインメントの世界で仕事をスタートし、20代前半から他業界の仕事にシフトしました。

1社目は、ブイキューブの新規事業子会社に創業メンバーの取締役として参画しました。現在では親会社のブイキューブは立派な東証一部上場企業ですが、当時は慶應義塾大学の理系の学生が集う本当に小さなベンチャーで、同学年の友人コミュニティから自然発生した縁で参画したのでした。

2社目はソニーの子会社で、ブランド・マーケティングのコンサルティング事業の立ち上げに参加しました。上司の急逝という不幸なアクシデントにより、最終的には事業部長を担いました。

3社目はリンクアンドモチベーションで、上場前後の成長拡大期のタイミングに、ブランド・マーケティング・コンサルティング事業の立ち上げから営業／デリバリーの責任者を担いました。

4社目はビルコムで、当時日本で発売されたばかりのiPadのアプリを活用したマーケティング事業を立ち上げるマネジャーを担いました。

5社目に、みずからインサイトフォースを設立しました。ブランド・マーケティング戦略に特化した専門ブティック型コンサルティングファームとして立ち上げ、2018年8月現在で8期目の終盤となります。

それぞれの会社で多くの学びがありましたが、特に印象深いのは、ソニー子会社とリンクアンドモチベーションでの経験でした。

ソニー子会社は、ソニーと父の会社との合弁会社でした。私は、父の会社から出向した形でした。事業の草案や合弁会社のスキーム自体は私が起案したものでしたが、ソニーほどの大企業との合弁が実現し、高校中退でありながらそこで働く機会を得られたのは、父の会社が裏付けてくれた信頼性あっての話で、まさに親の七光りそのものです。今考えても、ずいぶんな恩恵を受けたものだと思います。

ソニーの子会社では、当初はマーケティング領域でのITソリューション事業を立ち上げようとしたものの頓挫し、事業部として食べていくために仕方なくブランド～マーケティング領域のコンサルティングで食いつなぐうちに、それが本業になってしまいました。私の上司が、マーケティング領域のコンサルティングでキャリアの長い人だったためノウハウもあり、目先の事業収益を上げるには手っ取り早かったのだと思います。まさか収支の辻褄を合わせるための仕事に、これだけ長く取り組み続けることになるとは思いませんでした。幸運としか言いようがありません。

しかし、そのコンサルティングのノウハウをもつ上司が、事業開始からわずか2年後に急逝され、経験の浅い20代半ばの若輩であった私が事業部長を担うことになりました。これは私が優秀だったからではなく、人材の層が薄く、親会社からも人材の補充がなかったためです。誰からみても、消去法の人事でした。

ただ、結果的には、この人事によって、事業の営業利益に責任をもち、事業戦略を立て、採用権限をもち、部下と評価で向かい合い、社内で社長や他部門トップと予算策定のネゴシエーションをすることになりました。この相当背伸びした経験が、短期間での大きな成長につながりました。上司の不幸がきっかけのため、複雑な思いはありますが、早い時期に事業経営の責任をもつ機会を得たのは幸運でした。

能力不足が明白な事業部長であったため、周囲の経験豊富な方々が多くのアドバイスをしてくださったのも有り難いことでした。当時、私がいたソニー子会社の社外取締役で、本体のブランド戦略室のトップであった橋谷義典氏（現・フロンテッジ取締役会長）をはじめ、同グループのCEOであった出井伸之氏など、経験豊富な経営陣の方々から多くのアドバイスをいただき、素晴らしい学びが多くありました。

また、ソニーグループに限らずさまざまな日本の大手企業との取引を経験できたことで、大企業特有の組織特性、決済の仕組み、大企業の方々が重視するモラルや信頼性の大切さを学べたことも大きかったと思います。インサイトフォースは小規模な会社ですが、多くの大手企業がクライアントとして直接取引をしてくださる背景には、この時期に学んだ大企業への理解が非常に役立っていると感じています。

私の事業マネジメントは非常に稚拙ではありましたが、売上・利益の成長を実現できたのは小さな自信となりました。「マネジメントは、個人の能力の戦いではなく、意思決定の質や、人材の配置次第で成果が変わる」と感じ、「個人として頭の良さや知識・経験では勝てなくても、経営として良い意思決定さえできれば、事業単位では意外に勝ち目がある」と気づけたのは大きな収穫でした。

このときの「戦略次第で事業の成果が変わる」という実感が、戦略への関心を決定づけました。

組織の課題を理解する目線を学ぶ

私は20代後半で、ソニー子会社から出向元である父の会社に戻りました。当時の私は、ソニー子会社で事業マネジメントの良い経験をさせてもらったことに感謝しながらも、自分の能力や経験の限界が事業の限界となる兆候を感じていました。このため、より経験豊富な先輩や同僚から刺激が得られる環境を求めていました。ただ、いざ父の会社に戻ってみたら、事業は縮小傾向で、多額の借金もあって資金繰りも財務状況も相当悪化し、急坂を転がり落ちているような状況でした。

当時60名程度まで縮小していた組織のモチベーションも、音を立てて崩壊していきました。会社崩壊のカウントダウンが見えてくると、少なくない人々が、自分の利益を守るため、疑心暗鬼となり、さまざまな醜い駆け引きが発生します。それは私も例外ではありません。これは、誰もがもつ人間の醜い一面であり、生存への本能なのだと理解できました。この経験は、自分が若くして良くも悪くもリアリストになるきっかけとなりました。

熟考の末、私は自力で父の会社を立て直す能力はないと判断し、その多額の借金を減らすために、ブランド・コンサルティング事業とIR支援事業をリンクアンドモチベーション（以下、LMと表記）に売却すると同時に、自身もLMに転職しました。

当時のLMは事業の急成長期で、メディアでの登場機会も多く、すでに優秀な社員が多く集う人気企業でした。高校中退の私が採用倍率の高いLMに入社できたのも、事業売却を進めていた当事者で、売却後のブランド・コンサルティング事業を推進するのに必要不可欠な人材であったからです。常識的に考えれば、人気企業であったLMの中途採用に正面から応募していても、高校中退では書類で落とされ、面接すらたどり着くことはなかったでしょう。当時LMの副社長で事業買収を主導してくださった勝呂彰氏、そして買収を最終的にジャッジしてくださった創業社長であった小笹芳央氏には深く感謝しています。

私がLMで学んだことは、組織課題を構造的に見る目、営業部隊を組織し売上拡大のアクセルを踏む方法論など、沢山あります。なかでも特にあとで役に立ったのは「本質を捉えた、平易な言葉のコミュニケーション」がもつ力でした。組織のモチベーションという目に見えないものを、構造的かつ平易な言葉の概念で見える化し、売れるサービスにまで落とし込む。全社の隅々まで浸透した、この「わかりやすさ」は非常に新鮮でした。これは自省の念も踏まえて言うのですが、理解力が浅く、知的コンプレックスを抱えた二流の人材ほど、難解な言葉でわかりにくい説明をし、理解されないのを相手の知識不足のせいにします。優れた人ほど、物事の本質をつかんでいるため、知識のない人にもわかりやすくシンプルに説明できます。LMでの経験は、コミュニケーション・スキルを磨くうえで非常に大きな収穫でした。

高校中退でも、仕事の実績が見えればオファーは発生する

ソニー子会社は父親の会社からの出向、LMは事業売却とセットで転職と、これまで書いてきたのは、イレギュラーな会社の入り込み方ばかりでした。無理やり汎用化できる学びを抽出すれば、魅力的な事業スキーム提案のおまけとして自分もセットで売り込めば、学歴に関してはお目こぼしされやすいということでしょうか。

では、高校中退には、どのような制約があり、また、どの程度の機会が得られるものでしょうか。自身の経験だけでなく、周辺の企業の採用を見ていると、新卒や第二新卒といった20代の半ばまでの、仕事の経験をゼロから積み上げる機会を得るタイミングでは、学歴の影響は大きいと感じます。しかし、一定の専門性や社歴を得た20代後半以降は、実際の仕事の成果や実績の比重が高まり、学歴がなくても良いオファーの話が出てきます。

私の例でも、LMへの事業売却前のタイミングで、大手総合広告代理店グループのコンサルティング会社の中途採用面接を受け、先方の経営陣から採用オファーをいただくことができました。そのとき「グループで、高校中退を雇ったことはないと思う

ので、ちゃんと本社の人事に交渉して承認をとりつけたから」とまで言っていただき、大手広告代理店の方々の懐の大きさに感銘を受けました。

また、同じタイミングで、クライアントであった大手上場企業の経営者の方から「新規事業として子会社をつくり、インターネット広告代理店をやるので、そこで経営者としてやってみないか」というオファーもいただきました。

どちらの話も身に余る光栄なお話で、大いに心が動いたのですが、すでに事業売却話が進んでいたLMの環境のほうがより自分に適した成長機会と考え、丁重にお断りさせていただきました。


その後もいくつかのオファーをいただいて気づいたことですが、どうやら私の経歴からすると、高校中退というマイナスはあるものの、マーケティング支援会社の事業を伸ばしてきた実績、ソニー子会社やリンクアンドモチベーションといった社歴、ビジネスメディアへの寄稿や露出への信頼によって、マーケティング支援会社の経営層の採用市場において、候補者のひとりにはなるようです。ただし、外資系企業の場合、やはり学歴は本国の本社経営陣に説明がつきにくいようで、依然として大きなボトルネックです。これが、今のところ私が実感した学歴による制約です。

「センスのこだわり」を手放して獲得した「マーケティングのサイエンス」

私が20代半ばまでの頃は、デザインに関心が高く、「センスよくありたい」とか「案件の成果物に、自分のセンスを投影したい」というような、今思うと若者にありがちな〝センスもないくせに、自分のセンスを発揮したいフワフワした欲求〟をもっていました。

その仕事のスタンスを見直すきっかけとなったのは、たまたま仕事や人の紹介によって、藤原ヒロシ氏、小山薫堂氏のような一流のトップクリエイターと呼ばれる方々にお目にかかったことです。彼らの途方もなく高いレベルのセンスの凄みに触れ、「自分はセンスで戦いようがない」と、すぐにセンスありきのアプローチに見切りをつけました。

同時に、コンサルティングの現場で、クライアント企業の中で、経営とブランドとマーケティングと組織の連携がうまくいかずに頓挫するシーンを見かけることが多かったことから、「経営〜ブランド〜マーケティングと組織が重なる連携領域を、アートではなく、再現性のあるサイエンスとして深めたい」と考えるようになりました。

こうして、20代後半からマーケティング以外の領域の知見を深めるための勉強を始めたのです。

勉強といっても、どこかの学校に行ったのではなく、まずは多くの本を買って読みあさりました。そして、そこで感じた疑問は、知見をもつ人に質問して教えを請い、コンサルティング案件でも実践してみてフィードバックを得る――この繰り返しです。多くの優秀な人々に囲まれ恵まれた環境ではありましたが、何か特別なことをしたわけではありません。

今から振り返れば、20代のときに「マーケティング業界をセンス＝右脳アプローチを強みに戦う」ことに見切りをつけ、「再現性あるサイエンス＝左脳アプローチを強みに戦う」方向に切り替えたのが、自分の成長や、市場でのポジショニング形成につながったと思います。

あえてわかりやすく左脳と右脳を対比させましたが、実際にはグラデーションがあり、両立している人も見かけます。私も20代の頃にデザインに強い関心をもっていた経験は、クリエイティブを理解し、パターン分類し、要件定義する力につながって、今でも役立っています。

私は、左脳も右脳も一流ではありません。率直に言えば、両方とも二流というほどひどくもなく、両方とも一・五流程度だと思います。いかにも中途半端に見えますが、左脳だけ一流、右脳だけ一流という偏りの激しい人に比べると、結果論としてマーケティングにおけるサイエンス（左脳）とアート（右脳）を統合する役割に向いている、とあとから気がつきました。

中途半端さが結果的な「強み」に転化
——自分自身を知る大切さ

経営やマーケティングというのは、知識や専門性が細分化され、非常に奥深い世界です。それぞれの専門分野には、その領域を極めた素晴らしい方々がいます。そのような方々と触れるたびに「自分は、果たして何の専門家だろうか？」と今でも自問自答させられます。

私は便宜的に、「ブランド・マーケティング領域のコンサルタント」と名乗ったり、「インサイトフォースの経営者」と名乗ったり、時には事業会社の社外役員の立場を名乗っていますが、何かの専門分野で「自分がナンバー1」と胸を張って言えるような知識はありません。

しかし、マーケティングと経営戦略、マーケティングとブランド戦略、マーケティングと組織戦略、マーケティングと財務戦略、マーケティングとデザイン戦略、経営インサイトと顧客インサイトといった、マーケティングを有効に機能させるために欠かせない各種機能別戦略を連携させることには長けています。それらは企業内の組織や担当者としてはばらばらですが、相互に連携してこそ成果が出るもので、経営視点からの統合は欠かせません。

私個人は本書でいうところの、ステージ5のCMOや、ステージ6のマーケティングに強い経営者のような、俯瞰して判断することの目線やスキルが強みなのだと思います。

また、自分の属するコミュニティやアイデンティティも、どっちつかずの中途半端です。慶應には小学校から入ったため、同級生には何世代かにわたり大きな会社を経営しているような品の良い富裕層も少なくありません。しかし前述した通り、私が育った山口家の家計は豊かだったものの、父が気性の激しい創業経営者でコンプレックスの強い成り上がり気質だったこともあり、そこまで上品な家風でもありませんでした。

こうした経緯を経て、生まれたときから経済的に不自由なく育ったという意味で、どこかおっとりしたボンボン気質が抜けきれません。同時に、10代半ばからひとり暮らしをして、自分なりのストリートファイトで戦ってきた、粗野な成り上がり気質も併せもっています。また、10代の頃に所属していたモトクロスのレースチームには工務店の自営業の方や職人さんなども多く、慶應のコミュニティではあまり触れることのない価値観にも多く触れました。

そのような多様な環境で育った結果、富裕層の価値観、成り上がりの価値観、職人の価値観、そのどれにもある程度は理解と共感があり、どのコミュニティの人とも自然に会話ができます。一方で、それぞれのコミュニティの価値観のど真ん中にどっぷり浸かることもできず、若い頃はアイデンティティの置きどころに悩むこともありました。富裕層の中では下品、成り上がり層の中では上品、こだわりの職人コミュニティの中ではただの浮ついた軽薄なミーハー……と、実にどっちつかずな存在です。

でも、その中途半端な立ち位置のおかげで、誰とでも会話でき、それぞれのコミュニティの価値観を理解し、接点を見つけ、双方をつなぐような機能が果たせるのだと思っています。

ここまで私の中途半端さを羅列してきましたが、このような**弱みや欠点を裏返したら、いつの間にか仕事の面での「強み」となっていた**、というのが実態です。しかし、このような強みは計画的に形成したわけではなく、後づけの説明であり結果論にすぎません。でも、形式知としての専門スキルよりも、このような履歴書に書けない目に見えにくい特性のほうが、自分の仕事における成果や独自性につながっている実感があります。

私から読者の皆さんにお伝えしたいのは、自分の価値観や気質を深く知り、それを仕事の面でポジティブに活かすようなセルフマネジメントの重要性です。形式知の知識やスキルは良いのに、仕事で成果を出せない方の大半は、みずからがもつ価値観や気質への理解が不足し、自分の本質的な強み・弱みや気質を無視した選択をしているように感じるためです。

アップルの創業者である故スティーブ・ジョブズが、スタンフォード大学の2005年の卒業式で行った有名なスピーチに「Connecting The Dots」というメッセージがあります。**「どこでつながるかは事前にわからないが、そのうち点と点がつながり、一本の線につながるから、寄り道の経験も重要」と解釈すればよいでしょうか。**

まだ40歳の中堅にすぎない私も、自分の人生を振り返ると、このメッセージの重みを実感します。そのときどきで、役立つかわからないけど面白がって取り組んでいたことが、最終的にはつながりをもち、自分の人格や仕事の強みとなっています。

これから個人のキャリア構築の環境と力学は大きく変わる

「はじめに」でも述べましたが、本書ではキャリア構築に欠かせないステージの視点やスキルを解説してきました。しかし今後はキャリア構築においても、さまざまに力学が変わっていきます。そもそも**企業と個人の関係は間違いなく変わり、企業に対して限られた期間能力を提供する対等な関係の個人が増えていくのは確実**でしょう。実際に、この1年だけでも、本書でいうステージ5のＣＭＯとして事業会社で実績を残したあと、独立起業して複数の会社にＣＭＯ的な立場で関わる方は一気に増えて顕在化してきました。

このようにキャリア構築のプロセスやルールが変わっていくなかでは、少しぐらい良い社歴を積み重ねても、良い就業機会は得られにくくなっていきます。自分の名刺代わりとなるような圧倒的な仕事の成果実績や、**みずからをプロフェッショナルとしてブランド化し、マーケティング業界の労働市場で広く知られることの重要性は、今**

後ますます高まっていくでしょう。現在は、その過渡期といえます。

また、**今後は、企業に雇われる雇用形態と、フリーランスや独立起業のような独立性の高い立場とを、より柔軟に行き来する人が増えていく**と思います。実力ある人は、複数の会社に雇われつつ、自分の会社も経営する、といったハイブリッド型のキャリアの選択肢も増えていくでしょう。そのような流動性の高い労働市場で、みずからを助けるのは真の実力であり、周囲からの信頼という資産です。

そして、**ビジネスの現場で周囲から信頼を得て、成果を出すうえで大切な要素は、何よりもコミットメントの高さ、言うなれば成果への執着心**です。成果が出ないとき、知識やスキルのインプット不足に目が向いてしまう人も多いのですが、実際は執念深く思考して実行するというコミットメントの不足に原因があることは多いものです。学び続ける姿勢が重要なのは言うまでもないありませんが、成果の出ない要因を、安易にスキル・知識の不足に求めない――そんな覚悟も併せもつことが大切です。

マーケティング業界には、本当に素晴らしい才覚をもつ方々が沢山います。ひとりでも多くの方が、能力を高め、成果を出し、より金銭的にも恵まれる。本書が、そのきっかけと視点を提供できたなら、著者としてこれほど嬉しいことはありません。読者の方々が、それぞれ豊かなキャリアを築かれることを、心より願っています。

私はキャリアコンサルタントではないため、個別のキャリア相談に時間を割くことは難しいのが実状です。ただ、マーケティングについて考える材料や、マーケティングのキャリアをつくる視点についてはTwitterやnoteで発信していますので、興味のある方はフォローしていただければと思います。

Twitter ID：blogucci

＊本書の感想をTwitterハッシュタグ「#マーケリアル」で投稿いただければ、すべて目を通させていただきます。

note：https://note.mu/blogucci/n/n3383333d18044

また本書は、企業経営層の方々が、社員のマーケティング能力育成やキャリア構築への理解を深め、よりよい採用・育成を実現していただくきっかけにもなればと願っています。マーケティング業界には、多くの優れた人材資産が眠っています。しかし、そうした人的資産のマーケティング能力を育成することにコミットしてきた会社は本当にわずかです。ぜひ、目の前のマーケティング施策投資だけに注力することなく、組織的なマーケティング能力の向上にコミットし、マーケティングの組織や、社員のスキル育成・キャリアのあり方を見直し、継続的に投資されてみてください。時間はかかりますが、必ず業績に貢献します。

すべての企業にCMOという役職を設置することが必須とは思いませんが、限られたリソースを最適配分し、PDCAサイクルをまわしていき、社内マーケターを採用・育成する〝CMOが担うべき機能〟や、マーケティング4P施策を統合する〝ブランドマネジャー〟はどの企業でも欠かせません。このような経営視点、本書で言うところのステージ4〜6のマーケティング力強化については、私が経営するインサイトフォースにおいて、コンサルティング、育成研修、外部CMO機能のサービス提供をしています。ご関心ある方はお問い合わせください（info@insightforce.jp）。

最後に、私の遅れに遅れた原稿執筆のペースにもかかわらず、温かい支援をしてくださったダイヤモンド社の横田さんと柴田さん。これまでの私やインサイトフォースの成長を支えてくださったクライアントの皆様。執筆時間確保のために、仕事の多くを引き取ってくれた社内メンバー。深夜の執筆で家族との時間をおろそかにしても、温かく見守ってくれた妻と息子。そして何よりも、本書を手に取ってくださった読者の皆様。すべての方々へのお礼をもって、本書の最後のメッセージとさせていただきます。

インサイトフォース株式会社
代表取締役　山口義宏

［著者］
山口 義宏（やまぐち・よしひろ）
インサイトフォース代表取締役。東京都生まれ。東証一部上場メーカー子会社で戦略コンサルティング事業の事業部長、東証一部上場コンサルティング会社でブランドコンサルティングのデリバリー統括などを経て、2010年にブランド・マーケティング領域支援に特化した戦略コンサルティングファームのインサイトフォース設立。大手企業を中心にこれまで100社以上の戦略コンサルティングに従事している。著書に『デジタル時代の基礎知識「ブランディング」「顧客体験」で差がつく時代の新しいルール』（翔泳社）など。
Twitter ID：blogucci
note：https://note.mu/blogucci/n/n338333d18044
インサイトフォース問い合わせ：info@insightforce.jp

マーケティングの仕事と年収のリアル

2018年10月17日　第1刷発行

著　者——山口義宏
発行所——ダイヤモンド社
〒150-8409　東京都渋谷区神宮前6-12-17
http://www.diamond.co.jp/
電話／03･5778･7236（編集）　03･5778･7240（販売）

ブックデザイン－小口翔平＋喜來詩織＋永井里実(tobufune)
イラスト——ひらのんさ
本文図表——うちきばがんた(G体)
本文DTP——桜井 淳
校閲————平川裕子、聚珍社
製作進行——ダイヤモンド・グラフィック社
印刷————信毎書籍印刷(本文)・慶昌堂印刷(カバー)
製本————宮本製本所
編集担当——柴田むつみ

ISBN 978-4-478-10252-7